本书为教育部人文社会科学研究一般项目"高管海外经历、人力资本与企业创新"（批准号17YJC790018）和国家自然科学基金青年项目"高管海外经历与企业投资决策：影响机制与经济后果"（批准号71702061）的阶段性成果。

高管海外经历对企业行为的影响研究

代昀昊　著

中国财经出版传媒集团
中国财政经济出版社

图书在版编目（CIP）数据

高管海外经历对企业行为的影响研究／代昀昊著
．－－北京：中国财政经济出版社，2020.11
ISBN 978－7－5223－0063－4

Ⅰ.①高⋯　Ⅱ.①代⋯　Ⅲ.①企业－管理人员－关系
－企业管理－研究－中国　Ⅳ.①F272

中国版本图书馆 CIP 数据核字（2020）第 182435 号

责任编辑：孙　琛	责任校对：胡永立
封面设计：北京兰卡绘世	责任印制：党　辉

高管海外经历对企业行为的影响研究
GAOGUAN HAIWAI JINGLI DUI QIYE XINGWEI DE YINGXIANG YANJIU

中国财政经济出版社 出版

URL：http：//www.cfeph.cn
E－mail：cfeph@cfeph.cn

（版权所有　翻印必究）

社址：北京市海淀区阜成路甲 28 号　邮政编码：100142
营销中心电话：010－88191522
天猫网店：中国财政经济出版社旗舰店
网址：https：//zgczjjcbs.tmall.com
北京财经印刷厂印刷　各地新华书店经销
成品尺寸：170mm×240mm　16 开　13.25 印张　200 500 字
2020 年 11 月第 1 版　2020 年 11 月北京第 1 次印刷
定价：58.00 元
ISBN 978－7－5223－0063－4
（图书出现印装问题，本社负责调换，电话：010－88190548）
本社质量投诉电话：010－88190744
打击盗版举报热线：010－88191661　QQ：2242791300

前　言

人才是我国实施创新驱动发展战略的关键。埃森哲咨询公司的一份报告指出,"缺乏长期的战略规划和管理能力"及"经验不足的领导团队"被认为是阻碍中国企业家国际竞争力的重要因素。在当前国际人才与国家创新能力的激烈竞争中,中国正面临着巨大的挑战,而海归人才所具备的良好的教育和工作背景能够帮助中国应对这个新挑战。为了吸引海外人才归国,我国政府颁布了多项支持人才引进的政策,以期望引进海外高层次人才回国效力。这类政策的颁布一方面加速了海外人才的回流,使得我国开始从"智力流失期"向"智力回流期"过渡;另一方面,随着各项政策计划的出台和不断完善,企业能够雇佣到更多具有海外经历的高级人才,这类海归人才能够基于他们丰富的海外学习或工作经历以及国际视野,为企业经营和发展带来潜在动力。

理解海归人才对经济发展的影响,尤其是在微观企业中对企业决策发挥的影响作用具有重要的学术价值和实践意义。然而,由于受到数据与研究方法的限制,目前对于海归人才的影响仍然缺乏系统认识和经验证据。本书将在借鉴国外文献的基础上,以我国上市公司具有海外经历的高管作为研究主体,详细分析和检验其对企业行为的影响作用,进而从企业层面为"智力回流效应"提供一些新证据。

本书主要的研究结论如下:

(1)具有海外经历高管的企业投资效率更高。这种效率的提升主要表现为降低企业的过度投资行为，但在投资不足方面的改善并不显著。再进一步引入企业的所有权性质后发现，与地方国企和非国企相比，高管的海外经历在中央国企中发挥的作用最为明显。

（2）具有海外经历高管的企业，其获得海外客户的可能性和海外销售额占比均显著较高。同时，这类企业更有可能进行跨国并购、聘请国际四大会计师事务所进行审计以及在海外上市。结合不同类型的海外经历来看，在国外市场中具有海外工作经历，或者在企业中拥有更高职位的海外经历高管，其对企业在海外市场业绩的提升作用更明显。此外，当具有海外经历的高管与相同海外国家的客户开展业务时，更有可能与对方成功建立联系。同时，研究发现国家文化，尤其是个人主义文化也会对海外经历高管与海外市场业绩的关系产生影响。

（3）具有海外经历的高管团队能够有效促进企业的创新行为。其中的影响机制表明，海归高管团队能够通过提升企业的人力资本和改善公司治理两种渠道对企业创新产生积极影响。此外，研究发现，相对只具有海外工作经历背景的高管团队，那些具有海外求学背景的高管或董事对企业创新的促进作用更强；相对于具有海外背景的董事而言，具有海外经历的管理层对公司创新的促进作用更显著。同时，海外经历的高管团队对企业创新的促进作用具有一定的持续性。

（4）具有海外经历的CFO对证券分析师盈余预测的准确度有显著正向影响。具体而言，具有海外经历的CFO能够抑制公司的盈余管理，提高企业的审计质量，从而能够提高企业财务报表的信息质量，进而有助于证券分析师提高盈利预测精度。

（5）在相似的研究框架下，本书还从审计行业出发，考察了具有国际工作经验的审计师对审计质量的影响，发现具有国际工作经验的审计师可以显著提高审计质量。在考虑了内生性等潜在问题的影响后，结果仍然稳健。此外，研究结论表明具有海外经历CFO的企业，在面临具有国际工作经验的审计师时，其财务报告质量会变得更加保守。而根据审计师在审计过程中的角色对审计人员进行分类，我们发现具有国际经验的审计合伙人能够提供更高的审计质量，包括较低的应计盈余管理、较少的线下项目以及更低的审计报告激进程度。同时，项目合伙人会要求更高的审计费用。另外，具有国际工作经验的审计师参与审计的财务报告有利于证券分析师提供更准确的盈利预测及更低的预测偏差。

本书的研究具有一定的探索性，主要特色为，综合运用理论分析、计量分析、案例与文献分析等方法，梳理了在微观企业层面，海归人才对企业决策的影响及其作用机制。读者可以通过对本书的整体阅读，对相关学术问题进行多角度、全方位的了解。此外，结合当前文献的思考，在第七章也列出了未来可能的拓展方向或研究议题，希望能够引起读者及科研人员的兴趣。

本书为教育部人文社会科学研究一般项目"高管海外经历、人力资本与企业创新"（批准号：17YJC790018）和国家自然科学基金青年项目"高管海外经历与企业投资决策：影响机制与经济后果"（批准号：71702061）的阶段性研究成果。

回首过去几年，我也要特别感谢我的博士后导师宋德勇教授，宋老师严谨认真、细致入微的研究态度给我留下了深刻印象，同时宋老师对我的鼓励和支持，也给予了我莫大的激励。感谢香港教育大学的谭伟强教授，从博士期间担任他的研究助理，到现在与他开展合作研究，让我有机会能够不断审视自己和提高自己。同时，也非常感谢华中科技大学经济学院的张建华教授、王少平教授、唐齐鸣教授、孔东民教授、欧阳红兵教授、钱雪松教授，中南财经政法大学金融学院的李志生教授等老师在我从事科研工作给予的指导与帮助。

在本书的写作过程中，我要感谢我的爱人王砾女士，忙碌的工作使我有时无暇顾及家庭，但她一直支持、体谅、包容和鼓励我，成为了我最坚强的后盾。特别感谢我的儿子代望之，他让我的人生有了新的奋斗目标，愿他平安喜乐，健康成长！

受笔者学识、水平以及时间的限制，尽管已力求完善，但书中难免存在疏漏和不足，望读者批评指正。

代昀昊

2020 年 7 月于武汉

目 录

第一章 总论 …………………………………………………… （1）
 第一节 研究背景与研究意义 ………………………………… （1）
 第二节 国内外研究现状 ……………………………………… （4）
 第三节 本书的总体框架与主要内容 ………………………… （7）
 第四节 本书的研究方法、特色与主要贡献 ………………… （9）

第二章 高管海外经历与企业投资效率 ……………………… （12）
 第一节 问题的提出 …………………………………………… （12）
 第二节 文献回顾与研究假设 ………………………………… （14）
 第三节 数据来源与变量定义 ………………………………… （18）
 第四节 研究设计及结果分析 ………………………………… （24）
 第五节 稳健性检验 …………………………………………… （36）
 第六节 结论 …………………………………………………… （42）

第三章 高管海外经历与企业海外客户 ……………………… （44）
 第一节 问题的提出 …………………………………………… （44）
 第二节 相关文献回顾 ………………………………………… （47）
 第三节 数据与变量 …………………………………………… （49）
 第四节 高管海外经历对海外客户的影响 …………………… （56）
 第五节 潜在影响机制 ………………………………………… （61）
 第六节 扩展性检验 …………………………………………… （63）

第七节 结论 …………………………………………………………（74）

第四章 高管团队海外经历与企业创新 …………………………………（75）
第一节 问题的提出 …………………………………………………（75）
第二节 文献综述及研究假说 ………………………………………（78）
第三节 研究设计 ……………………………………………………（83）
第四节 实证检验与分析 ……………………………………………（87）
第五节 扩展性检验 …………………………………………………（100）
第六节 稳健性检验 …………………………………………………（103）
第七节 结论 …………………………………………………………（105）

第五章 CFO海外经历与证券分析师预测 ………………………………（107）
第一节 问题的提出 …………………………………………………（107）
第二节 理论分析与假设提出 ………………………………………（109）
第三节 数据来源与变量定义 ………………………………………（112）
第四节 实证结果 ……………………………………………………（116）
第五节 拓展性研究 …………………………………………………（123）
第六节 稳健性检验 …………………………………………………（125）
第七节 结论 …………………………………………………………（131）

第六章 审计师的国际工作经验对审计质量的影响 ……………………（132）
第一节 问题的提出 …………………………………………………（132）
第二节 制度背景、文献回顾与假说 ………………………………（136）
第三节 样本、变量定义和描述性统计 ……………………………（139）
第四节 实证结果 ……………………………………………………（150）
第五节 拓展性分析：分析师预测精度和偏误 ……………………（168）
第六节 结论 …………………………………………………………（170）

第七章 主要结论和未来研究方向 …………………………………（172）
 第一节 本书的主要结论 …………………………………………（172）
 第二节 未来研究方向 ……………………………………………（173）

参考文献 ……………………………………………………………（175）

第一章 总论

第一节 研究背景与研究意义

从20世纪90年代末期开始,我国政府就开始制定相关政策吸引海外人才回国,如旨在引进海外高层次人才的"千人计划"以及各个省份的人才引进政策等。这类政策的颁布确实加速了海外人才的回流,如图1-1所示,根据中国国家留学基金管理委员会的统计数据,近几年来,我国出国留学人员和学成回国的留学人员累计均呈现逐年递增的趋势,表明我国已逐渐从"智力流失期"向"智力回流期"过渡。通常而言,这些在国外学习或工作的经历从一定程度上也反映出个人在人力资本上的积累,根据《国际人才蓝皮书:中国国际移民报告(2012)No.1》中的统计数据,我国有36.1%的海归有研究生学历,其中35.5%有博士学位。已有研究认为海外人才回流可以带回丰富的人力资本、物质资本和社会资本,将其称之为"智力回流效应",并在此基础上,从宏观层面研究了海外人才回流与国家经济增长之间的关系。那么,在微观企业层面上,海归人才是否也能产生影响呢?在此背景下,我们试图寻找海归高管与企业决策之间的关系,进而从企业层面为"智力回流效应"提供一些新证据。

结合我国当前经济与制度背景,本书将在梳理高管海外经历特征与公司金融研究文献的基础上,突破现有研究框架和方法体系的局限,利用手工搜集整理的我国上市公司高管海外经历的独特数据集,从微观企业层面,系统研究我国上市公司高管海外经历对企业投资决策影响的作用机制

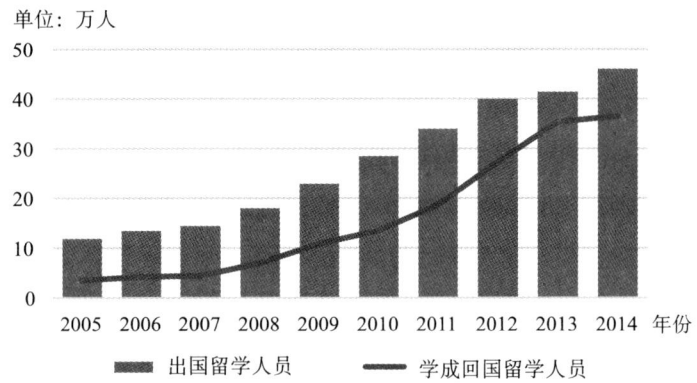

图 1-1 我国出国留学和学成回国留学人员情况

数据来源：国家统计局。

及经济后果。整体上，本书的主要研究范围包括：

第一，从高管海外经历角度，结合高层梯队理论与国家制度文化理论，从财务会计和管理学视角构建高管海外经历对企业行为决策影响的理论体系和分析框架。

第二，从人力资本和公司治理两个维度出发，全面探索高管海外经历对企业行为决策影响的内在作用机制。

第三，综合考察高管海外经历对企业投资决策影响的经济后果。从企业投资、海外市场拓展、研发创新、财报信息质量等角度，深入分析我国上市公司高管海外经历对企业行为决策产生的经济后果。

接下来，我们着重从高管海外经历研究的学术价值和实践意义两个方面阐述本书的研究意义和贡献。

从学术价值来看：

（1）从企业微观层面补充和完善了海归人才效应的研究结论。在关于海归人才影响的传统研究中，囿于微观数据的可获得性，大部分研究是从国家或省份等地区层面数据进行分析的，即使从公司层面进行研究也往往局限于某些行业或某种类型的公司。这些研究对于理解海归人才的影响作用有一定意义，但由于无法从更广泛的样本来进行比较，难以探究高管海外经历特征的异质性（如海外教育、海外工作以及所经历的不同国家制度文化的影响等）在不同类型企业（如中央国企、地方国企和非国有企业等）中发挥的作用机制及经济后果，因此具有一定的片面性。

通过手工搜集整理的上市公司高管海外经历数据集，我们能够获取每家上市公司当年雇佣高管（包括董事长、CEO 及董事等）的海外经历信息，主要包括是否具有海外经历、是否具有海外工作或海外学习经历以及在哪些国家有海外经历等。基于此独特数据，我们可以从企业层面为高管海外经历对公司行为的影响进行更为详尽地分析，以从微观视角进一步丰富和完善当前的研究工作。

（2）拓宽高管特征对企业决策影响的研究视野。近年来，国内外学者开始关注高管的个人特征或经历对企业决策的影响。而在中国这样的新兴市场中，海外经历作为一种较为常见且十分重要的管理者特征是值得引起关注的。但就目前而言，相关文献仍不多见，且已有文献对高管海外经历影响的讨论大多集中在企业创新或企业业绩（罗思平和于永达，2012；Liu，Wright，Filatotchev，Dai 和 Lu，2010；Liu，Lu，Filatotchev，Buck 和 Wright，2010）。基于上市公司高管海外经历的独特数据集，我们着重从企业的行为决策出发，全面客观地探讨高管海外经历对企业行为决策影响的作用机制及经济后果。

（3）结合理论与实证，探讨不同海外经历和不同国家制度文化的差异是否会通过高管进一步影响到企业层面。现有文献在探讨高管海外经历对企业的影响时，大多将海外经历作为一个整体进行研究。而基于手工搜集的高管海外经历独特数据集，我们能够具体识别高管海外经历的相关特征。一方面，对于已有文献提到的人力资本效应，可以通过考察高管海外经历对企业人力资本的影响来展开研究。另一方面，现有文献发现国家的制度文化差异也会对高管的决策行为产生影响（Shao 等，2010；Han 等，2010；Shao 等，2013），通过分析高管海外经历的国家信息，并结合国家制度文化的相关数据，能够帮助我们从国家制度文化视角对高管海外经历产生的异质性影响提供新的解释。此外，企业间的异质性会使不同企业提供的资源存在差异，这也会促进或抑制具有海外经历的高管发挥作用（Li

等,2012)。因此,本书基于独特数据集的研究能够进一步为高管海外经历对企业投资决策影响的异质性提供解释。

从实践意义来看:

(1) 促使企业关注企业管理层的人力资本特征。当前我国多数企业在发展过程中仍然过于依赖物资资本,本书的研究结论从微观层面探讨了高管海外经历对企业投资决策的影响机制与经济后果,凸显了人力资本在企业经营阶段的重要性。对企业而言,通过完善海外"人才引进"政策以及为企业内部人才提供海外学习的机会,可以提高经营者的管理技能,有效促进企业的未来发展。

(2) 为我国企业在雇佣海外人才策略方面提供参考意见,并为我国当前的人才引进政策提供佐证。一方面,海外人才固然具有"智力回流"的效应,但企业在雇佣海归人才时还需要结合企业当前发展存在的问题、企业目前的资源状况以及对具体海归人才的需求来进行选择。本书的研究结合了海归高管的海外经历特征以及企业特征,综合考察了高管海外经历对企业投资决策的影响以及潜在的异质性,能够较好地为企业雇佣海外人才的策略提供参考意见。另一方面,我国政府从 20 世纪 90 年代末期就开始逐渐推出各项人才引进政策以吸引海外的优秀人才回国发展。本书的研究结论若能验证高管海外经历对企业行为及企业绩效的积极影响,则能够为我国当前人才引进政策的效果提供经验证据,并进一步肯定"引智"政策对未来经济发展的重要意义。

(3) 有助于理解影响企业投资决策的因素。目前供给侧结构性改革的重点之一是化解产能过剩,促进产业升级。这要求企业能够进行更有效的投资决策,减少盲目投资,加快创新,提升国际竞争力,最终实现转型升级。本书从企业高管海外经历的角度入手,考察了其对调节企业投资结构的作用机制,从而为当前供给侧改革提供政策建议。

第二节 国内外研究现状

已有文献在讨论国家间的知识流动或溢出效应时,认为其主要通过国际贸易或外商直接投资来实现（Aitken 和 Harrison，1999；Coe 和 Helpman，1995；Wei 和 Liu，2006）。然而，随着全球化进程的不断发展，拥有专业技能的劳动者能够选择往来于不同国家，这种人才跨国流动为国际技术和知识的传递提供了一个新渠道（Liu，Lu，Filatotchev，Buck 和 Wright，2010；Filatotchey 等，2011），从而也引起了学者对"智力回流"现象的广泛讨论。

所谓"智力回流"或称为"人才回流"，通常是指拥有海外教育或工作经验的人员重新回到母国的现象。尽管本国人才的海外流失可能会使得国内最优秀的人才选择移民到发达国家，进而导致本国发展的成本上升（Bhagwati 和 Hamada，1974），但最近的研究表明，具备更多知识技能的人员在回国之后能够对本国的经济发展起到良好的推动作用（Mountford，1997；Beine 等，2008）。这是由于那些从贫穷国选择移民的熟练人力资本并不只是代表了消极的"人才流失"，他们可以在国外积累知识并将知识转移回国内，因此也可以被看作是积极的"人才储备"（Kerr，2008）。从历史经验来看，这种"智力回流"对于我国经济和商业的发展也确实起到了重要的推动作用（姬虹，2014；仇怡和聂萼辉，2015；Wang 等，2011；Wang 等，2014；Wang 等，2015）。

结合现有文献的分析（李平和许家云，2011；陈怡安，2014），国际"智力回流"对本国经济发展发挥作用的途径主要包括以下几个方面：

（1）人力资本效应。海归在国外通常接受过良好的海外教育或在海外企业中从事过相关工作，积累的学习或工作经验能够提升其国际视野和企业管理能力，从而在其回国之后能进一步促进母国人力资本的积累和提高（Dai 和 Liu，2009；Li 等，2012；刘青、张超、吕若思和卢进勇，2013）。Fu 等从企业国际化经营的角度也发现海归高管能够直接为企业提供在国外投资的必备知识。

（2）网络效应。海归企业家能够更容易吸引到国外风险投资以缓解企业的资金问题（Li 和 Xia，2014）。同时，海归还能利用自身的社会关系帮助企业与国际企业或机构进行合作，促进企业的国际化发展（罗思平和于永达，2012）。海归的国外经历会促使其形成独特的社会网络关系，这些社会资本最终能够帮助海归获得更多的信息资源优势。

（3）竞争效应。海归由于积累了较高的人力资本，相对于非海归人员而言具有更专业的知识技能优势，因而会在一定程度上"挤出"国内人员的就业机会，这将激励国内人员迫于竞争压力而主动提升自身的人力资本水平，最终这种竞争效应将提高国内整体的人力资本水平（Mountford, 1997）。

（4）溢出效应。一方面，海归通过与他人或企业的交流合作能够分享自身拥有的知识技能，这种知识的转移可以缩小海归与非海归人员或企业间的差距，促进行业整体在技术水平上的提高。另一方面，具有良好业绩的海归企业能够起到示范作用，非海归企业会对其进行模仿和学习，进而也能够提升自身的技术水平（李平和许家云，2011a，2011b；罗思平和于永达，2012；Liu, Lu, Filatotchev, Buck 和 Wright, 2010；Filatotchey 等，2011）。

关于"智力回流"的影响作用，部分文献利用我国省级面板数据从地区层面对海归的作用进行了分析，发现海归人才对各地区的技术进步具有溢出效应（李平和许家云，2011a），对我国产业结构的升级具有较明显的促进作用（李平和张玉，2012），能够带来更为显著的 FDI 技术溢出效应（李平和许家云，2011；朱敏和许家云，2013）。

然而需要指出的是，在理解海归人才的作用机制时，从企业层面的微观视角来进行分析是不可或缺的（Giannetti, Liao 和 Yu, 2015）。一方面，通过对海归人才的特征进行区分，可以进一步明晰海归产生影响的差异性。另一方面，利用企业层面数据可以从多个维度探讨海归人才在企业中发挥的作用，从而能够更好地理解海归人才的优势所在。近年来，逐渐有文献开始利用调查问卷或手工搜集整理的数据，从企业层面分析海归人才的作用。基于民营企业主的抽样调查数据，刘青、张超、吕若思和卢进勇（2013）研究了"海归"在创业经营中是否更具优势，发现民营企业主的留学经历或海外进修经历对企业业绩有显著的正向影响，且留学的积极作用更为明显。基于我国光伏、风电设备制造企业统计数据以及十余家企业实地调研，罗思平和于永达（2012，2013）发现拥有海外教育或工作经验的企业高管，能够显著提高企业技术创新能力，加大企业加强对专利的保护力度，同时对周边企业存在技术溢出效应，体现出"引智"政策对产业发展的重要意义。基于北京中关村科技园的高新技术企业数据，学者们发现相对于本地企业，海归企业能够利用其人力资本在挖掘商业机会和发展上获取竞争优势从而实现更好的经营业绩（Dai 和 Liu，2009；Liu 和 Almor，2016），海归企业家以及具有海外教育经历的员工均能对其他本地企业产生知识溢出效应（Todo 等，2009；Filatotchev 等，2011），能够积极影响企业的创新行为（Liu, Wright, Filatotchev, Dai 和 Lu，2010；Liu, Lu, Filatotchev, Buck 和 Wright，2010），为企业提供投资国际市场所需的知识（Fu 等，forthcoming）。基于中国上市公司的数据，Giannetti, Liao 和 Yu（2015）发现海归董事对提升企业业绩具有显著影响。Zhang 等发现具有海外经历的董事能够增加企业社会责任的投入，Li 等（2016）发现拥有美国工作经历的 CFO 可以显著降低美国投资者和分析师在信息上的不对称程度。总体而言，微观数据的结论也基本表明海归人才对企业发展具有积极影响。

第三节　本书的总体框架与主要内容

本书主要分为三个部分：第一部分（第一章）对当前海外人才效应的研究背景进行了基本介绍，并梳理回顾了国内外的相关文献。第二部分（第二至第五章）主要探讨了高管海外经历对企业行为决策的影响；第三部分（第六章）基于相似的研究框架，分析了审计师的国际工作经验对审计质量的影响；第四部分（第七章）则对全书的主要结论进行总结，并提出需要进一步探讨的问题。

本书余下的内容安排如下：

第二章通过手工搜集整理上市公司高管及董事的海外经历数据，考察了企业海归特征对投资效率的影响作用。研究发现：具有海归特征的企业投资效率更高；这种效率的提升主要表现为降低企业的过度投资行为，但在投资不足方面的改善并不显著；进一步引入企业的所有权性质发现，与地方国企和非国企相比，高管的海外经历在中央国企中发挥的作用最为明显。该结论凸显了人力资本对企业的重要性，同时对于企业的"人才引进"政策具有一定的指导意义。

第三章基于知识基础理论和社会资本理论，考察了高管海外经历对中国企业在海外市场表现的影响。通过手工搜集整理的高管海外经历和公司主要客户两个数据集，发现拥有海外经历高管的企业获得海外客户的可能性和海外销售额占比均显著较高；更有可能进行跨国并购、聘请国际四大会计师事务所进行审计以及在海外上市；在国外市场中具有海外工作经验，或者在企业中拥有更高职位的海外经历高管，其对企业在海外市场业绩的提高作用更大。此外，当具有海外经历的高管与相同海外国家的客户开展业务时，更有可能与对方成功建立联系。同时，我们还发现国家文化也可能影响海外经历高管的影响，尤其是个人主义文化。这些发现均有助于加深对高管个人特征与企业海外市场发展关系的理解。

第四章研究了高管团队的海外经历对企业创新活动的影响。研究发现，企业高管或董事的海外背景确实能有效促进企业的专利产出，并且在运用倾向得分匹配和 Heckman 两阶段检验控制自选择效应后，结论仍然成立。进一步地，我们探究了这种影响的作用机制，发现海归高管团队能通过提升企业的人力资本和改善公司治理环境两种渠道来对企业创新产生积极影响。并且，对于只具有海外工作背景的高管团队，那些具有海外求学背景的高管或董事对企业创新的促进作用更强；相对于具有海外背景的董事而言，具有海外经历的高管对公司创新的促进作用更显著；这种促进作用在长期仍然显著。

第五章考察了 CFO 海外经历对证券分析师盈余预测精度的影响。研究发现，CFO 的海外经历对证券分析师盈余预测精度有显著的正向影响。在控制了潜在的内生性问题后，结论仍然成立。此外，CFO 海外经历能够通过抑制公司的盈余管理以及提高外部审计质量来提高证券分析师盈余预测精度。相对于海外学习经历，CFO的海外工作经历对证券分析师盈余预测精度的影响更为显著。

第六章考察了具有国际工作经验的审计师对审计质量的影响，发现具有国际工作经验的审计可以显著提高审计质量，这表明国际工作经验有助于提高审计师的人力资本，这与Giannetti等（2015）的发现是一致的。在考虑了内生性等潜在问题的影响后，结果仍然稳健。此外，研究结论表明具有海外经历CFO的企业，在面临具有国际工作经验的审计师时，其财务报告质量会变得更加保守。而根据审计师在审计过程中的角色对审计人员进行分类，我们发现具有国际经验的审计合伙人能够提供更高的审计质量，包括较低的应计盈余管理、较少的线下项目以及更低的审计报告的激进程度。然而，项目合伙人会要求更高的审计费用。另外，具有国际工作经验的审计师参与审计的财务报告有利于分析师提供更准确的盈利预测以及更低的预测偏误。总体而言，本章强调了人力资本的重要性，并提供了有关具有国际工作经验的审计人员如何在新兴市场中使用其知识和审计技能的直接证据。

第七章为研究结论与展望部分。该章对全书的主要结论进行总结，并在此基础上提出建议，指出本章存在的局限性和未来有待深入研究的方向。

第四节　本书的研究方法、特色与主要贡献

与以往的研究相比，本书的创新与贡献主要表现在研究方法和研究内容方面。在研究方法上，本章主要采用了普通最小二乘法进行回归检验，并通过使用工具变量两阶段最小二乘法（2SLS）或Heckman两阶段回归缓解潜在的内生性问题，从而识别出高管海外经历对企业行为决策的影响效应。

尽管国内外学者的研究取得了一些有价值的成果，但在进一步分析海归人才影响的作用机制时仍然囿于微观数据的可获得性而难以考察。通过

分析上市公司高管的个人简历，我们手工搜集了相关人员是否具有海外经历等信息，最终整理得到了我国 A 股上市的所有公司的高管（包括董事长、CEO、CFO 及董事等）的海外教育和工作经历相关数据。目前利用上市公司高管数据进行分析的文献还较为鲜见，而基于公司层面的微观数据，至少可以从以下四个方面丰富海归人才的影响研究：

（1）从企业投资决策的多个维度进行更全面地分析。现有文献发现，高管的个人特征或经历会对企业行为产生影响（Kaplan 等，2012），如过度自信（Malmendier 和 Tate，2005）、财务专长（Custodio 和 Metzger，2014）、服兵役经历（Benmelech 和 Frydman，2015）等，作为一种在我国企业中较为常见且十分重要的管理层特征，高管的海外经历如何对企业投资决策行为产生影响也是亟须探讨的问题，但现有文献大多集中在对创新或业绩的讨论。若从更多方面探讨高管海外经历对企业投资决策的影响，则能够更全面、客观地分析高管海外经历对企业投资决策影响的作用机制及经济后果，同时也有助于理解高管海外经历对企业业绩的促进作用。

（2）结合海外经历特征与国家制度文化特征进行分析。基于我们的独特数据集，能够区分不同高管的海外教育与工作经历，从而检验这些经历对企业行为影响是否存在差异性。同时，不同国家文化的海外经历也会造成其对企业行为影响的不同。例如，有文献表明国家文化会影响企业的资本结构（Chui 等，2002）、股利政策（Shao 等，2010）、盈余管理（Han 等，2010）、经营业绩的波动性（Li 等，2013）和企业投资（Shao 等，2013）等，同时东西方文化的差异也会影响企业家在面对未来不确定性时的决策（Liu 和 Almor，2014）。结合不同国家的制度特征（如投资者保护程度等）或文化特征（Hofstede，2001）可以更好地理解高管海外经历对企业投资决策影响的异质性。

（3）结合企业特征进行分析。相对于本地人员，海归人才通常具有人力资本等优势，但考虑到他们长期生活在国外，反而可能因为缺乏与母国的联系或认知上存在差异而导致企业的创新性或业绩并不优于本地企业（Li 等，2012；Lin 等，2014）。例如，郑玮、沈睿、林道谧和路江涌

(2016）提出如何克服"水土不服"等问题是提升海归企业绩效的关键。利用我们搜集的上市公司数据，可以根据企业的最终控制人将其区分为中央国企、地方国企和非国有企业，以考察在不同资源环境下高管海外经历发挥的作用是否具有差异性。

（4）为我国当前的政策提供佐证。从20世纪90年代末期开始，我国政府就通过制定国家政策以帮助国内企业吸引更多的海外人才（Zweig，2006）。一方面，我国政府鼓励企业"走出去"的战略表明国内企业需要更多具有国际视野的人才。另一方面，我国在各省的人才引进政策以及2009年之后制定的海外高层次人才引进计划（简称"千人计划"）也表明当前我国需要通过"引智"的形式来实现技术创新的转型（李平和许家云，2011）。本书的研究结论能够为上述政策的实施效果提供经验证据。

第二章　高管海外经历与企业投资效率

第一节　问题的提出

自改革开放以来,中国经济连续 30 多年实现高速增长,提升了自身在世界经济中的地位。根据《2013 年中国对外贸易发展情况》的报告显示,2013 年中国货物进出口 4.16 万亿美元,成为世界第一货物贸易大国。其中,出口 2.21 万亿美元,占全球比重为 11.8%,连续 5 年居全球首位。然而,尽管取得了如此成绩,人力资本的短缺仍然是当前中国发展所面临的重要问题之一(Lane 和 Pllmer,2008)。埃森哲咨询公司的一份报告指出,当前中国企业家缺乏国际竞争力的主要因素就包括"缺乏长期战略规划和管理能力""领导团队经验不足"等。因此,吸引具有专业知识技能的人才是改善和提高中国企业家才能的重要途径。Farrel 和 Grand (2005) 也指出,中国企业在未来 10~15 年内将需要 75000 名能够在国际市场中发挥作用的领导者。

海外经历(包括国外学习或工作)作为人力资本的一种具体表现形式,通常被认为是具有良好的教育背景或专业知识技能。王辉耀和刘国福(2012)在报告中指出,有 36.1% 的海归具有研究生学历,其中 35.5% 具有博士学位。而中关村科技园作为中国第一个国家级高新技术产业开发区也吸引了大量的海外创新、创业人才。利用中关村科技园内中小企业数据,Dai 和 Liu(2009)发现与本土企业家相比,拥有海外经历企业家的公司业绩更好。他们认为,这种业绩上的差距可能是由于两类企业家在专业知识以及海外创业导向上的差异所致。Filatotchev 等（2009）基于类似的数据也发现，企业家的海外背景会影响企业的出口导向和业绩。Giannetti 等（2015）则进一步根据中国上市公司的董事是否具有海外背景，发现具有海外经历的董事能够改善公司治理，提高企业业绩。上述证据均表明，海归人才在微观企业层面有潜在的积极影响。

实际上，从20世纪90年代末期开始，中央政府就制定相关政策以帮助国内企业吸引更多的海外人才（Zweig，2006）。根据中国国家留学基金管理委员会的统计数据，1978～2009年大约共有50万海外学生回国，并且呈现出逐年增长的趋势。此外，随着跨国企业不断发展的需要以及中国政府鼓励企业"走出去"政策的实施都进一步表明，国内企业需要更多具有国际视野的人才。因此，雇佣高素质的海外人才对于企业的未来发展具有深远意义。

在此背景下，本章拟考察中国上市公司高管海外经历对企业投资效率的影响。以往对于投资效率的研究发现，企业层面的信息（Chari 和 Henry，2008）、企业财务报表的质量（Chen 等，2011a；Biddle 和 Hilary，2006）、会计稳健性（García Lara 等，2016）、政府的干预程度（Chen 等，2011b）等均对企业的投资效率有影响。而作为企业的决策者和管理者，管理层对企业的投资决策也会产生至关重要的影响作用（陈运森和谢德仁，2011；李焰等，2011），且这种作用依赖于高管自身具有的人力资本水平。具备海外经历的高管通过运用在国外学习积累的专业知识技能，可帮助企业作出合适的决策判断。同时，海外经历可以给予高管更具国际性的视野，提升他们的宏观把握能力，有助于企业采取更适当的投资决策。因此，我们预期拥有海外经历高管的企业将具有更高的投资效率。

区别于已有文献主要从信息不对称或代理冲突的角度考察投资效率的影响因素（Biddle 等，2009；Chen 等，2011a），本章从企业高管个人经历的角度出发，发现其海外经历特征对企业投资效率存在显著影响。我们的结论一方面凸显了人力资本对企业投资决策的重要性，为企业投资效率的影响因素研究提供了新的补充；另一方面，鉴于 Giannetti 等（2015）发现具有海外经历的董事能够帮助企业提升业绩，本章实际上为海归人才提升企业业绩的具体机制提供了补充，即具有海外经历的高管或董事能够通过改善企业投资效率而进一步影响企业业绩。

与此同时，海归特征在不同类型企业中发挥的作用可能存在差异。Giannetti 等（2015）在分析海归董事对企业业绩的影响时并没有较多考虑企业产权性质的影响，然而从现有文献来看，所有权带来的委托代理问题以及国有企业的资源优势都可能对海归高管发挥的作用产生影响，因此我们还重点结合企业的产权性质进行分析。具体而言，我们将样本企业分为中央国企、地方国企与非国有企业，并最终发现海归高管对企业投资效率的提升作用在中央国企中发挥的最为显著。一方面，由于中央政府控制的国有企业通常更具备资源优势（Li 等，2012），海归高管能够较好地缓解企业的委托代理问题，有效利用资源来改善企业的投资效率。而对于地方国有企业或非国有企业，海归高管即使能够降低企业的委托代理问题，也可能由于面临"巧妇难为无米之炊"的局面而难以发挥作用。另一方面，地方政府对所属国有企业的干涉（Cheung 等，2010；Chen 等，2011b）也会在一定程度上限制海归人才在地方国企中的作用。本章的发现实际上体现了资源对海归高管发挥作用的调节机制，表明要进一步提升海归人才在企业中发挥的积极作用，不仅需要提供相应的资源和合适的平台，而且还要从制度环境上提供保障。

本章结构安排如下：第二节为相关文献回顾，并提出检验假说；第三节为数据来源与变量定义；第四节为研究设计及实证结果分析；第五节为稳健性检验；第六节为结论。

第二节　文献回顾与研究假设

一、海归人才的影响作用

Bhagwati 和 Hamada（1974）研究了发展中国家的"人才流失"现象，

认为最优秀的人才选择移民到发达国家会导致本国发展的成本上升。然而，随着全球化进程的不断发展，拥有专业技能的劳动者能够选择往来于不同国家，这种人员流动为国际知识溢出提供了一个新的渠道（Liu 等，2010）。

最近的研究表明，具备更多知识技能的人员回国能够给发展中国家带来利益，这种现象被称为"人才回流"。Mountford（1997）发现，移民能够永久地提高原所在国的平均产出水平。Kerr（2008）指出，那些从贫穷国选择移民的熟练人力资本并不只是代表了消极的"人才流失"，由于移民者可以在国外积累知识并将知识转移回国内，因此也可以被看作是积极的"人才储备"。Beine 等（2008）利用127个国家的横截面数据，同样也发现了技术移民对人力资本的形成存在积极效应。李平和许家云（2011）利用中国省级面板数据模型分析了海归人才对各地区技术进步的影响，发现海归人才的技术溢出效应显著，但在不同地区之间具有显著的差异性。

在微观层面上，具有海外经历的高管或董事由于能够接受更好的教育或培训，对其个人能力的提高有积极影响。同时，个人的海外经历还能帮助企业建立更宽广的业务网络。因此，过往的海外经历能够帮助管理层制定更有利于企业发展的决策（Shane 和 Khurana，2003；Wright 等，1997；Filatotchev 等，2009）。一方面，具有海外教育或工作经验的企业高管能够提高企业的创新行为（Filatotchev 等，2009；罗思平和于永达，2012），从而在促进公司技术进步和发展中扮演重要角色（De la Tour 等，2011；Luo 和 Yu，2012）。另一方面，具有海外经历的高管还能够改善公司的治理水平（Giannetti 等，2015），从而使得拥有海归企业家的企业业绩相对较好（Dai 和 Liu，2009）。

二、投资效率的影响因素

Tobin（1969）指出，投资机会是影响公司投资决策的重要因素。然而，许多文献发现企业在投资过程中存在偏离最优投资决策的事实，进而产生投资过度与投资不足两种行为。以往的研究认为由信息不对称导致的道德风险和逆向选择问题均会影响企业的投资效率,导致投资过度或投资不足的产生(Myers 和 Majluf,1984;Jensen,1986;Stulz,1990;Zwiebel,1996)。

近年来,越来越多的学者开始研究企业投资效率的影响因素。Richardson(2006)发现,投资过度行为集中在拥有较多自由现金流水平的企业。García Lara 等(2016)认为更稳健的企业不太可能出现投资过度或投资不足。Chen 等(2011b)通过考察不同所有制企业,发现政府干预会扭曲国有企业的投资行为,从而损害投资效率。此外,企业财务信息的透明程度对投资过度与投资不足均有影响(Biddle 和 Hilary,2006;Hope 和 Thomas,2008;McNichols 和 Stubben,2008;Biddle 等,2009;Chen 等,2011a)。

同时,高管的个人特征对于公司的投资决策也有着至关重要的影响作用。陈运森和谢德仁(2011)通过计算独立董事在上市公司董事中的网络位置特征,发现网络中心度高的独立董事由于在社会网络中处于核心地位而拥有更多获取投资机会信息的渠道和快速获取相关信息的可能,从而能够及时为经理人提供建议,提高企业投资效率。李焰等(2011)的研究结论显示,企业管理者的年龄、任期以及工作经历对于企业的投资效率有显著影响,并且这种影响在不同所有制企业中存在差异。李培功和肖珉(2012)分析了管理者任期与企业资本投资之间的关系,发现非国有企业的投资效率与 CEO 的既有任期及预期任期无关,而国有企业 CEO 的既有任期越长,过度投资问题越严重,预期任期越短,过度投资程度越轻。

三、研究假说

结合上述文献,具有海外经历的高管及董事(下文简称海归)能在进行公司决策时更好地运用在国外累积的专业知识及技能(如出口或创新),作出更优的投资决策,我们将其看作是海归的知识积累效应。

一般来讲,海归因其在其他发达国家接受过良好教育或经历过管理实践,当他们回到本国企业后,能够引进以及帮助企业遵循更严格的公司治理准则，提高企业的治理水平。Giannetti 等（2015）也发现，具有海外经历的董事能够减少公司的盈余管理行为，如果董事在法律制度更为完善的国家学习或工作过，对治理水平的改善作用就更明显。Gul 等（2010）曾指出，较差的公司治理水平以及信息披露会限制中国企业的发展。因此，若具有海外经历的高管或董事能够改善公司的治理水平，缓解经理人与股东之间的代理冲突问题，增强财务信息的透明度，这对于中国企业的未来发展也具有重要意义。我们将这种影响看作是海归的治理效应。

基于知识积累与治理效应的存在，我们预期具有海外经历的高管及董事能够作出更优的投资决策，从而提升企业的投资效率。因此，提出假说1：

H1：在其他条件不变的情况下，海归特征企业具有更高的投资效率。

尽管海外经历作为人力资本的一种表现形式，能够给企业带来显著的积极影响。然而，由于企业在发展目标、所具备的资源等方面存在差异，可能会导致海归高管或董事在不同类型企业中所发挥的效用也不尽相同。

一方面，与非国有企业将企业利润或股东财富最大化作为首要目标不同，国有企业往往因为承担更多的社会责任而具有多重目标的特征，这些任务包括基础设施建设、解决就业问题等（Piotroski 和 Wong，2012）。目标的多样化在一定程度上会造成企业管理层与股东之间的利益冲突，最终导致较为严重的代理冲突或道德风险问题（Cheung 等，2008）。因此，国有企业在投资过程中会受到潜在代理冲突问题的影响，而无法完全根据自身需求作出最适当的投资决策。当海归进入公司管理层后，他们所具备的知识技能以及管理实践能力会使他们更多地关注公司业绩与股东利益，从而缓解企业潜在的委托代理问题，帮助企业作出更有效的投资决策。

另一方面，有效的投资决策也依赖于企业所具备的资源禀赋。相对于本土高管而言，由于海归长期在国外生活，难以在国内积累资源（如社会关系、政治关联等），而这些外部资源对于企业发展同样也存在重要影响（Allen 等，2005）。此时，国有企业所具备的资源优势能够在一定程度上弥补海归人才的不足，从而能够给海归人才提供更好的平台以发挥其才能（Li 等，2012）。具体而言，国有企业更容易享受融资便利与政府补贴扶持

（Brandt 和 Li, 2003; Faccio, 2006），这能够给企业的投资行为提供充足资金。同时，国有控股企业与政府部门的关系更为密切，这使得国有企业的高管有更多机会与政府部门进行沟通，从而更好地理解未来的行业发展政策。这些资源均能帮助海归更好地在企业中进行投资决策。

对于国有企业，根据其实际控制人类型可进一步将企业区分为中央国企与地方国企。已有文献表明，中央政府的行为更可能受到来自媒体和公众的监督，从而不会过多地干涉中央国企的决策（Chen 等，2011b）。而与之相反，Jian 和 Wong（2010）与 Cheung 等（2010）均发现地方国企更可能将财富转移给当地政府，从而使地方国企的投资效率受损（Cheung 等，2010；Chen 等，2011b），并在一定程度上削减了海归给企业带来的积极影响。此外，从资源禀赋的角度来看，Chen 等（2011b）指出，地方政府在其可支配的资源方面要远远少于中央政府，这也将限制海归人才在地方国企中所发挥的作用。

基于以上论述，我们预期海归高管或董事在中央国企中能够通过缓解委托代理问题，并借助资源优势帮助企业作出更有效的投资决策；而地方政府对地方国企的干涉以及所提供资源的不足会限制海归人才的作用。据此，我们提出假说2：

H2：在其他条件不变的情况下，与地方国企和非国企相比，海归更能提高中央国企的投资效率。

第三节 数据来源与变量定义

一、数据来源

本章研究样本为中国沪深两市 A 股非金融类上市公司，样本期间为 2000~2009 年。关于企业海归的特征数据，首先，我们从 CSMAR 数据库中提取所有非金融类上市公司高管和董事的简历。其次，通过分析简历，手工搜集相关人员在是否具有海外经历（海外工作或海外学习）等信息。

最后，手工整理 2000～2009 年 A 股上市的所有非金融类上市公司的高管和董事的海外教育和工作经历的相关数据。

公司的财务数据、股票收益数据及行业分类均来自 CCER 数据库。此外，我们还手工搜集了企业所有权性质的数据，若企业由中央政府或地方政府控制，则定义其为国有企业（SOEs），否则为非国有企业（Non-SOEs）。同时，对国有企业而言，根据其由中央政府还是地方政府控制进一步区分为中央国有企业与地方国有企业。在剔除了公司财务数据与股票收益数据的缺失值后，最终得到的样本包括 1249 个公司，共计 9700 个观测值。

二、变量定义

（一）投资效率

参考 Richardson（2006）和 Chen 等（2011a）的研究，我们通过估算公司正常的资本投资水平，将模型的残差绝对值作为投资效率的代理变量。回归模型如下：

$$Inv_{i,t} = b_0 + b_1 TQ_{i,t-1} + b_2 Lev_{i,t-1} + b_3 Cash_{i,t-1} + b_4 Age_{i,t-1} + b_5 Size_{i,t-1} + b_6 Ret_{i,t-1} + b_7 Inv_{i,t-1} + \sum YearDummy + \sum IndustryDummy + \varepsilon_{i,t} \quad (2-1)$$

其中，因变量 Inv 是公司 i 在 t 年的资本投资量。我们将 Inv 定义为固定资产、无形资产与其他长期资产的现金支出减去出售资产的现金收入，并除以 t 年年初的总资产。TQ 为公司的成长机会，定义为流通股的市场价值、非流通股的账面价值和负债的总和除以总资产[①]。Lev 为企业的资产负债率。$Cash$ 为公司的现金持有量，定义为年末货币资金除以总资产。Age 是公司的上市年龄，由当年与上市年份差值的自然对数计算所得。$Size$ 为公司总资产的自然对数。Ret 是公司在股票市场上的年回报率。模型（2-1）

[①] 这里是托宾 Q 在文献中比较标准的定义。托宾 Q 定义为企业的市场价值与资本重置成本之比。如果该值大于 1，则表明企业的市场价值高于其资产的重置成本，企业会通过发行股票等方式进行融资购置新设备，因此具有较高的成长机会；若该值小于 1，则表明企业的市场价值低于其资产的重置成本，企业不会购买新设备，同时由于市场估值较低，被收购的可能性增加。因此成长机会较低。其定义也可参考陈运森和谢德仁（2011）的研究。

中所有的解释变量都滞后1期。此外,我们通过在模型中引入年度和行业虚拟变量来控制时间和行业效应,行业分类根据证监会的行业分类标准得到。同时,为了缓解异常值对模型估计的影响,所有变量均在1%和99%分位数上进行Winsorize处理。

我们使用模型(2-1)的残差绝对值作为衡量投资效率的代理变量($InvEff$1),$InvEff$1的值越大表明公司的投资效率越低。同时,基于模型(2-1)的残差将公司分成两组,若残差大于0,则表明公司投资过度;若残差小于0,则表明公司投资不足。

此外,我们还使用市值账面比(MB)作为成长机会的代理变量(Penman,1996),采用类似的方法得到另一个衡量投资效率的测度($InvEff$2)。

(二) 企业海归特征

对于企业海归特征变量,我们主要构造虚拟变量$Oversea$,其定义为若企业在当年至少有一个高管或董事拥有海外学习或工作经历则取值为1,否则为0。此外,为进一步分析企业海归特征,我们还构造了以下变量:海外工作经历虚拟变量$Oversea\ Only\ Work$,若企业在当年仅具有海外工作经历的高管或董事则取值为1,否则为0;海外学习经历虚拟变量$Oversea\ Only\ Edu$,若企业在当年仅具有海外学习经历的高管或董事则取值为1,否则为0;海外学习及工作经历虚拟变量$Oversea\ Work\ and\ Edu$,若企业在当年同时具有海外学习和工作经历的高管或董事则取值为1,否则为0;CEO或董事长是否具有海外经历虚拟变量$Oversea\ CEO$,若企业的CEO或董事长在当年拥有海外工作或学习经历则取值为1,否则为0;其他管理层(除CEO和董事长之外)是否具有海外经历虚拟变量$Oversea\ Other$,若企业的其他管理层人员中至少有一个高管或董事在当年拥有海外工作或学习经历则取值为1,否则为0。

(三) 控制变量

参考以往的文献(Richardson,2006;Chen等,2011a;Chen等,2011b),在检验假说的回归模型中,我们还包括了以下控制变量:其中,$Size$是公司总资产的自然对数值。Lev是公司的资产负债率,由于公司较高的负债率可能会限制其投资能力，因此我们预期 Lev 的系数为负。Cash 为企业的现金持有量，定义为企业持有货币资金除以总资产。PPE 为公司的固定资产占比。CFO 是公司的净营运现金流，较高的营运现金流可以为投资提供更多资源，因此，我们预期 CFO 的系数为正。同时，为了控制公司的成长机会和盈利能力，我们增加了账面市值比（BM）、年回报率（Ret）和资产回报率（ROA）作为控制变量。在公司治理方面，我们控制了董事会规模 Board，定义为公司董事会总人数加 1 的自然对数值；第一大股东持股比例 Block、独立董事占比 Out、外资股东持股比例 Foreign Own 以及管理层持股比例 Manage Own。此外，为了控制上市公司高管及董事的基本特征，我们还引入了上市公司所有高管及董事的平均年龄 Manage Age，定义为实际平均年龄加 1 的自然对数值。所有高管及董事的平均任期 Tenure，定义为实际平均任期加 1 的自然对数值以及女性高管及董事占比 Female。最后，我们在模型中引入年度和行业虚拟变量来控制时间和行业效应，所有的控制变量均为滞后一期。所有变量的具体定义见表 2-1。

表 2-1　　变量定义

变量	变量定义和数据来源
InvEff1	参照 Richardson（2006）的研究，并用托宾 Q 作为公司成长机会代理测度计算得到，为残差绝对值
InvEff2	按照 Richardson（2006）的研究，并用市值账面比作为公司成长机会代理测度计算得到，为残差绝对值
InvEff3	按照 Biddle 等（2009）的研究计算得到，为残差绝对值
InvEff4	按照 Chen 等（2011）计算得到，为残差绝对值
Oversea	虚拟变量，若企业在当年至少有一个高管或董事拥有海外留学或工作经历则取值为 1，否则为 0
Oversea Only Work	虚拟变量，若企业在当年仅具有海外工作经历的高管或董事则取值为 1，否则为 0
Oversea Only Edu	虚拟变量，若企业在当年仅具有海外学习经历的高管或董事则取值为 1，否则为 0

续表

变量	变量定义和数据来源
Oversea Work and Edu	虚拟变量，若企业在当年同时具有海外学习和工作经历的高管或董事则取值为1，否则为0
Oversea CEO	若企业的CEO或董事长在当年拥有海外工作或学习经历则取值为1，否则为0
Oversea Other	若企业的其他管理层人员中至少有一个高管或董事在当年拥有海外工作或学习经历则取值为1，否则为0
Size	公司规模，总资产的自然对数
Lev	资产负债率，总债务除以总资产
Cash	现金持有量，货币资金除以总资产
Age	上市年龄，定义为当期与上市年份差值的自然对数
Ret	股票的年收益率
Inv	公司的资本投资量，定义为固定资产、无形资产与其他长期资产的现金支出减去出售资产的现金收入，并除以t年年初的总资产
NEG	虚拟变量，当销售收入增长率为负时取值为1，否则为0
Sales Growth	销售收入增长率，定义销售收入从$t-1$年到t年变化的百分数
PPE	固定资产占比，固定资产除以总资产
CFO	经营现金流净额
BM	账面市值比
TQ	托宾Q，使用流通股的市场价值加上非流通股和负债的账面价值之和除以总资产的账面价值
ROA	资产收益率
Board	董事会规模，公司董事会总人数加1的自然对数值
Block	第一大股东持股比例
Out	独立董事，公司独立董事人数除以董事会总人数
Foreign Own	外资股东持股比例
Manage Own	管理层持股比例
Manage Age	公司所有高管及董事的平均年龄，定义为实际平均年龄加1的自然对数值
Tenure	公司所有高管及董事的平均任期，定义为实际平均任期加1的自然对数值

续表

变量	变量定义和数据来源
Female	公司女性高管及董事占比,定义为女性高管及董事人数除以公司高管及董事总人数
SOE	虚拟变量,若公司为国有企业,则取值为1,否则为0
Central	虚拟变量,若公司为中央政府控股国有企业,则取值为1,否则为0
Local	虚拟变量,若公司为地方政府控股国有企业,则取值为1,否则为0
British	虚拟变量,若清朝末年时期,英国在某省份建立了殖民地或租借地,则对总部位于该省份的样本企业取值为1,否则为0
Christian	基督教传教士到1920年时,在中国各省份创办的大学数量

在本章的样本中,海归特征企业占比最多的三个行业为电子、信息技术业和建筑业,其占比分别为37.43%、35.37%和33.65%。相对地,海归特征企业占比最少的三个行业为造纸印刷、纺织服装皮毛以及批发和零售贸易,其占比分别为11.64%、15.70%和17.12%。从行业分布来看,大致可以发现技术需求较高的行业会更多地雇佣海归,而传统行业则对海归的需求较少。

表2-2给出了主要变量的描述性统计,可以看到利用两种模型计算得到的投资效率测度在分布上非常相似。在未报告的主要变量相关系数矩阵中,两者的相关系数约为0.99,说明得到的投资效率测度比较稳健。在所有样本中,约26.2%的观测值具有海归特征。而企业海归特征测度的标准差较大,表明不同公司在引进海归的政策上存在较大的差异性。

表2-2 主要变量的描述性统计

变量	样本数	均值	标准差	最小值	中位数	最大值
$InvEff1$	9700	0.422	0.490	0.000	0.278	4.174
$InvEff2$	9700	0.423	0.490	0.000	0.277	4.210
$Oversea$	9700	0.262	0.440	0.000	0.000	1.000
$Size_{t-1}$	9700	21.185	0.955	19.061	21.101	24.016
Lev_{t-1}	9700	0.489	0.178	0.165	0.495	0.829
$Cash_{t-1}$	9700	0.142	0.101	0.003	0.119	0.497

续表

变量	样本数	均值	标准差	最小值	中位数	最大值
PPE_{t-1}	9700	0.428	0.257	0.008	0.393	1.160
CFO_{t-1}	9700	0.048	0.079	-0.202	0.048	0.275
RET_{t-1}	9700	0.376	0.882	-0.558	0.046	3.896
BM_{t-1}	9700	0.461	0.263	0.073	0.417	1.120
ROA_{t-1}	9700	0.026	0.069	-0.320	0.031	0.178
$Board_{t-1}$	9700	2.330	0.202	1.792	2.303	2.773
$Block_{t-1}$	9700	0.402	0.165	0.104	0.382	0.750
Out_{t-1}	9700	0.267	0.142	0.000	0.333	0.500
$Foreign\ Own_{t-1}$	9700	0.011	0.049	0.000	0.000	0.307
$Manage\ Own_{t-1}$	9700	0.005	0.030	0.000	0.000	0.231
$Manage\ Age_{t-1}$	9700	3.855	0.069	3.674	3.859	4.007
$Female_{t-1}$	9700	0.137	0.096	0.000	0.125	0.429
$Tenure_{t-1}$	9700	1.385	0.222	0.965	1.386	2.585
$British$	9700	0.404	0.491	0.000	0.000	1.000
$Christian$	9700	0.867	0.831	0.000	1.000	3.000
SOE_{t-1}	9700	0.702	0.457	0.000	1.000	1.000
$Central_{t-1}$	9700	0.167	0.373	0.000	0.000	1.000
$Local_{t-1}$	9700	0.512	0.500	0.000	1.000	1.000

注：变量下标 $t-1$ 表示为滞后一期变量。除 $British$、$Christian$、SOE_{t-1}、$Central_{t-1}$ 及 $Local_{t-1}$ 外，其他所有变量均在1%和99%分位数上经过 Winsorize 处理。投资效率测度 $InvEff$1 和 $InvEff$2 均乘以10处理。

第四节　研究设计及结果分析

本部分将对预先提出的假说进行经验检验。我们首先使用分组检验来比较有海归任职的企业是否比没有海归任职的企业具有更高的投资效率。之后将进一步运用计量模型进行回归检验。

（一）分组检验

表2-3报告了企业投资效率的分组检验结果。根据企业是否有海归，

我们将所有样本分为无海归特征与有海归特征两组样本,并对两组样本的投资效率进行均值检验和符号秩检验。由检验结果可知,有海归特征的样本企业具有较高的投资效率,且该差异较为显著(均值检验下 p 值 < 0.01,符号秩检验下 p 值 < 0.05)。

表 2-3　　　　　　　　　企业投资效率的分组检验

分组	InvEff1	InvEff2
无海归特征:Oversea = 0(样本数 = 7155)	0.431	0.431
有海归特征:Oversea = 1(样本数 = 2545)	0.399	0.401
Diff(无海归特征 - 有海归特征)	0.031	0.030
T 检验 p 值	0.006	0.007
Wilcoxon 检验 p 值	0.033	0.024

(二)模型

在单变量检验的基础上,本部分通过构建多元回归模型进一步验证假说。针对假说 1,回归模型如下:

$$InvEff_{i,t} = \alpha + \beta_1 Oversea_{i,t} + \beta_n Controls_{i,t-1} + \sum Yeardummy + \sum Industrydummy + \varepsilon_{i,t} \qquad (2-2)$$

其中,$InvEff$ 为企业的投资效率,其取值越小表明投资效率越高。$Oversea$ 是企业海归特征的虚拟变量,若取值为 1,则表明企业在当年至少有一个高管或董事拥有海外学习或工作经历,否则取值为 0。$Controls$ 为一系列控制变量,$Yeardummy$ 与 $Industrydummy$ 分别为年度和行业虚拟变量,具体可参见前文定义。对于假说 1,我们预期企业海归特征虚拟变量 $Oversea$ 的系数 β_1 显著为负。

针对假说 2,我们引入公司的所有权性质来考察海归在不同类型企业中对投资效率的影响是否存在差异,并进一步将国有企业按照其最终控制人性质区分为中央国企和地方国企来进行比较。对于上述模型,由于因变量属于受限因变量,因此在实际回归中,我们主要采用 Tobit 模型进行回归检验。

(三) 检验结果

假说 1 的检验结果如表 2-4 所示。回归结果的模型 1、模型 3 和模型 5 使用 *InvEff*1 作为因变量,模型 2、模型 4 和模型 6 使用 *InvEff*2 作为因变量。由模型 1、模型 2 的结果可以发现,企业的海归特征变量 *Oversea* 系数均显著为负,表明拥有海归的企业确实具有更高的投资效率,这与假说 1 一致。我们的结果为海归提升企业业绩提供了一种可能的机制,即具有海归能够通过改善企业投资效率而进一步影响企业业绩。

通过对企业海归特征的具体划分,表 2-4 的模型 3、模型 4 给出了海外工作经历和海外学习经历是如何影响企业投资效率的。从结果来看,我们发现海外学习经历能够显著提升企业的投资效率,而海外工作经历对企业投资效率的改善作用并不明显[①]。

此外,由于董事长或 CEO 往往在企业的重大投资决策中拥有更大的决定权,他们的海外经历对企业投资效率的影响可能不同于其他高管或董事。在表 2-4 的最后两列,我们将董事长或 CEO 具有海外特征与其他高管或董事具有海外特征进行区分,以考察两者对投资效率的影响差异。由结果来看,具有海外特征的董事长或 CEO 对企业的投资效率并没有显著影响,而其他高管或董事的海外经历则能够帮助企业提升投资效率[②]。

控制变量方面,与以往的研究一致,我们发现公司规模(*Size*)与企

---

① 样本中,仅具备海外工作经历(即 *Oversea Only Work* = 1)的样本数为 321,占总体具有海归特征企业样本约 12.6%;而同时具备海外学习和工作经历(即 *Oversea Work and Edu* = 1)的样本数为 265,占总体具有海归特征企业样本约 10.4%。因此,样本数量较少可能是导致海外工作经历对企业投资效率提升作用不明显的原因之一。同时,具有海外工作经历的样本相对集中在地方国企和非国企当中,这也将导致企业资源不足等因素对海外工作经历特征在企业中所发挥的积极作用造成影响。

② 我们认为可能的原因有两方面:第一,在我们的数据样本中,企业的 CEO 或董事长具备海外经历的样本相对较少(仅有 405 个观测值,占总体具有海归特征企业样本约 16%),这可能会对估计结果有一定影响。第二,Giannetti 等(2015)通过考察企业董事的海外经历特征,发现海归董事能够改善企业的治理环境并提高企业业绩。在我们的样本中,企业中具备海外经历的董事大部分归属于 *Oversea Other* 这类。因此其他高管或董事的海归背景能够提升企业投资效率与 Giannetti 等(2015)研究的结论是比较一致的。当然,我们的结果并不能完全排除企业具有海外经历的 CEO 或董事长在企业中没有发挥积极影响的可能,在之后的研究中我们将进一步进行探索。

业的投资效率负相关（Biddle 等，2009；Chen 等，2011a）。企业的资产负债率 Lev 与现金持有比例 Cash 均与投资效率显著负相关，经营现金流净额 CFO 与固定资产占比 PPE 均投资效率呈显著正相关。在公司的业绩变量方面，我们发现企业的投资效率与公司的业绩也均存在显著的正相关关系。

表 2-4　　　　　　　企业海归特征对投资效率的影响

变量	模型1	模型2	模型3	模型4	模型5	模型6
Oversea	-0.021*	-0.020*				
	(-1.939)	(-1.841)				
Oversea Only Work			0.035	0.041		
			(1.229)	(1.431)		
Oversea Only Edu			-0.033***	-0.032***		
			(-2.779)	(-2.746)		
Oversea Work and Edu			0.006	0.005		
			(0.224)	(0.220)		
Oversea CEO					0.003	0.010
					(0.116)	(0.399)
Oversea Other					-0.026**	-0.026**
					(-2.255)	(-2.266)
$Size_{t-1}$	-0.010	-0.014**	-0.010	-0.014*	-0.010	-0.014*
	(-1.472)	(-1.962)	(-1.455)	(-1.936)	(-1.465)	(-1.953)
Lev_{t-1}	-0.240***	-0.220***	-0.241***	-0.221***	-0.241***	-0.221***
	(-6.923)	(-6.317)	(-6.946)	(-6.343)	(-6.944)	(-6.344)
$Cash_{t-1}$	-0.197***	-0.201***	-0.196***	-0.199***	-0.197***	-0.201***
	(-3.635)	(-3.699)	(-3.605)	(-3.670)	(-3.641)	(-3.705)
PPE_{t-1}	0.071***	0.074***	0.070***	0.073***	0.071***	0.074***
	(2.692)	(2.802)	(2.658)	(2.763)	(2.688)	(2.797)
CFO_{t-1}	0.334***	0.321***	0.334***	0.320***	0.334***	0.320***
	(5.000)	(4.790)	(4.997)	(4.785)	(4.988)	(4.775)
RET_{t-1}	0.032***	0.034***	0.032***	0.034***	0.033***	0.034***
	(3.318)	(3.489)	(3.290)	(3.458)	(3.327)	(3.501)
BM_{t-1}	-0.149***	-0.104***	-0.150***	-0.104***	-0.150***	-0.105***
	(-5.364)	(-3.735)	(-5.388)	(-3.763)	(-5.387)	(-3.764)

续表

变量	模型1	模型2	模型3	模型4	模型5	模型6
ROA_{t-1}	0.603***	0.631***	0.605***	0.633***	0.602***	0.630***
	(7.840)	(8.191)	(7.876)	(8.228)	(7.826)	(8.174)
$Board_{t-1}$	-0.006	-0.009	-0.008	-0.011	-0.006	-0.009
	(-0.250)	(-0.368)	(-0.320)	(-0.440)	(-0.229)	(-0.342)
$Block_{t-1}$	-0.015	-0.020	-0.016	-0.021	-0.015	-0.021
	(-0.462)	(-0.621)	(-0.496)	(-0.658)	(-0.477)	(-0.640)
Out_{t-1}	0.035	0.035	0.032	0.033	0.036	0.037
	(0.442)	(0.447)	(0.413)	(0.419)	(0.458)	(0.467)
$Foreign\ Own_{t-1}$	-0.104	-0.101	-0.109	-0.106	-0.101	-0.097
	(-1.105)	(-1.066)	(-1.155)	(-1.119)	(-1.076)	(-1.029)
$Manage\ Own_{t-1}$	-0.086	-0.095	-0.076	-0.084	-0.081	-0.089
	(-0.545)	(-0.597)	(-0.481)	(-0.530)	(-0.516)	(-0.560)
$Manage\ Age_{t-1}$	-0.232***	-0.233***	-0.232***	-0.233***	-0.231***	-0.232***
	(-2.989)	(-3.007)	(-2.990)	(-3.006)	(-2.975)	(-2.989)
$Female_{t-1}$	0.032	0.031	0.033	0.033	0.031	0.030
	(0.613)	(0.603)	(0.645)	(0.638)	(0.594)	(0.579)
$Tenure_{t-1}$	-0.051**	-0.053**	-0.051**	-0.052**	-0.050**	-0.052**
	(-2.458)	(-2.549)	(-2.455)	(-2.545)	(-2.443)	(-2.530)
常数项	1.732***	1.798***	1.737***	1.801***	1.726***	1.790***
	(5.882)	(6.092)	(5.900)	(6.105)	(5.864)	(6.069)
年份效应	控制	控制	控制	控制	控制	控制
行业效应	控制	控制	控制	控制	控制	控制
样本数	9700	9700	9700	9700	9700	9700
伪R^2	0.061	0.060	0.061	0.061	0.061	0.060

注：括号报告了经 Huber-White Sandwich 方法调整后的标准误差得到的 t 值。*，**，***分别代表在10%、5%和1%的显著性水平。

虽然表2-4的结果能够为海归高管提升企业投资效率提供一定证据，但需要考虑的潜在内生性问题是：拥有较高投资效率的企业通常也伴随着更高的成长机会，这类企业更有可能雇佣具有管理才能和经验的人员，比如海归。该内生性问题的存在会导致表2-4的结论产生偏误。因此，我们试图通过寻找工具变量来缓解该内生性问题对上述结论的影响。

借鉴 Ang 等（2014）的研究，我们选择的企业海归特征的工具变量是：（1）截至 1920 年年末，基督教传教士在中国各省份创办的大学数量 *Christian*；（2）虚拟变量 *British*，若清朝末年时期，英国在某省份建立了殖民地或租借地，则对总部位于该省份的样本企业取值为 1，否则为 0。其中，基督教传教士创办的大学数量数据从中华续行委办会（China Continuation Committee）手工搜集整理得到。而根据 Yang 和 Ye（1993）的研究，下列地区曾在晚清时期由英国建立了殖民地或租界，包括福建厦门、湖北汉口、江西九江、江苏镇江、广东广州、山东威海、天津、上海。这些地区所在的省份或直辖市对应的 *British* 变量取值为 1，否则为 0。

我们选取这两个变量作为企业海归特征工具变量的原因如下：（1）由于上述地区的价值观容易受到早期西方制度或基督教价值观的影响，因而生活在该地区的人会有更多的机会接触西方文化，从而在未来更可能去往国外发展。当这些人学成归国之后，更有可能回到当地并受雇于当地企业。（2）由于较早受到西方文化的影响，这些地区更容易凭借其偏西方的价值氛围，成为海归人才的生活与工作的选择，从而使这些地区的企业更有可能聘任到海归。由于所选工具变量的数据信息早于我们研究样本约 100 年，因此，并不会直接影响到企业当前的投资决策。

表 2-5 的模型 1 是第一阶段的回归结果，其中因变量为企业的海归特征虚拟变量 *Oversea*。工具变量 *British* 和 *Christian* 的回归系数均显著为正，与我们的预期相符。同时，两个工具变量的偏 R^2 为 0.004，对应的 F 统计量在 1% 的显著性水平下显著，拒绝了弱工具变量的假设。模型 2、模型 3 是第二阶段的回归结果，其中 *Oversea* 的系数显著为负，同时 Hansen 检验结果接受原假设，表明我们选取的工具变量是有效的。

总体而言，在控制了潜在的内生性问题后，我们发现海归特征企业仍然具有更高的投资效率。

表2-5　企业海归特征对投资效率的影响：基于工具变量回归结果

变量	Oversea 模型1	InvEff1 模型2	InvEff2 模型3
Oversea		-0.549***	-0.511**
		(-2.627)	(-2.474)
$Size_{t-1}$	0.042***	0.015	0.009
	(6.529)	(1.157)	(0.756)
Lev_{t-1}	-0.039	-0.263***	-0.241***
	(-1.229)	(-6.739)	(-6.242)
$Cash_{t-1}$	0.136***	-0.118*	-0.127*
	(2.840)	(-1.772)	(-1.934)
PPE_{t-1}	-0.038*	0.051*	0.055*
	(-1.719)	(1.723)	(1.892)
CFO_{t-1}	-0.024	0.320***	0.307***
	(-0.390)	(4.283)	(4.165)
RET_{t-1}	0.001	0.032***	0.033***
	(0.072)	(2.845)	(3.048)
BM_{t-1}	-0.108***	-0.213***	-0.163***
	(-3.834)	(-5.282)	(-4.107)
ROA_{t-1}	0.051	0.632***	0.658***
	(0.675)	(7.166)	(7.563)
$Board_{t-1}$	0.146***	0.067*	0.059
	(6.446)	(1.677)	(1.493)
$Block_{t-1}$	-0.008	-0.023	-0.027
	(-0.270)	(-0.623)	(-0.760)
Out_{t-1}	0.368***	0.239**	0.225*
	(4.769)	(2.020)	(1.929)
$Foreign\ Own_{t-1}$	0.229**	0.042	0.035
	(2.464)	(0.351)	(0.294)
$Manage\ Own_{t-1}$	0.789***	0.338	0.300
	(4.730)	(1.381)	(1.236)
$Manage\ Age_{t-1}$	-0.179**	-0.316***	-0.311***
	(-2.571)	(-3.457)	(-3.452)

续表

变量	Oversea 模型1	InvEff1 模型2	InvEff2 模型3
$Female_{t-1}$	-0.035	0.018	0.019
	(-0.740)	(0.311)	(0.323)
$Tenure_{t-1}$	-0.009	-0.055**	-0.057**
	(-0.491)	(-2.417)	(-2.527)
British	0.031***		
	(3.152)		
Christian	0.021***		
	(3.789)		
常数项	-0.299	1.496***	1.578***
	(-1.114)	(4.390)	(4.679)
年份效应	控制	控制	控制
行业效应	控制	控制	控制
样本数	9700	9700	9700
调整 R^2	0.072	-0.131	-0.104
偏 R^2	0.004		
Wald 检验 F 值	18.12***		
Hansen J 检验 p 值		0.261	0.227

注：偏 R^2 和 Wald 检验 F 值均为弱工具变量的相关检验统计量，Hansen J 检验 p 值为工具变量的过度识别检验统计量。

与其他文献类似（Biddle 等，2009；Chen 等，2011a；陈运森和谢德仁，2011），我们进一步将企业的投资效率划分为投资过度与投资不足两组，重新对模型（2-2）进行估计。

表 2-6 报告了企业海归特征对投资过度与投资不足的影响结果。回归结果的模型 1 和模型 3 使用 InvEff1 作为因变量，模型 2 和模型 4 使用 InvEff2 作为因变量。在投资过度的样本组内，企业海归特征虚拟变量 Oversea 均显著为负，表明海归特征企业具有较少的过度投资行为。而对于投资不足的样本，Oversea 的系数均不显著，表明海归特征企业在改善投资不足方面并无显著影响。对于海归特征企业对投资过度和投资不足的影响作用，

我们认为可能的解释有两点：一方面，由于在国外学习或工作经验所积累的专业知识更丰富，以及对企业战略的宏观把握能力更强，使得具有海外经历的高管或董事能够帮助企业作出更优的投资决策，从而缓解企业盲目投资的行为，减少过度投资。同时，已有文献认为过度投资通常是由于经理人与股东之间的代理冲突引起的（Jensen，1986；Blanchard 等，1994；Chen 等，2011b），海归高管对企业产生的治理效应能够缓解经理人与股东之间的代理冲突（Giannetti 等，2015），从而减少企业的过度投资。另一方面，投资不足的企业通常是由于企业的资金不足或融资约束造成，尽管海外经历的人才具有丰富的知识技能，但也可能导致"巧妇难为无米之炊"的境地，从而使海归高管难以改善企业的投资不足行为。

表 2-6　　　　　　　　　投资过度与投资不足

VARIABLES	投资过度		投资不足	
	Model 1	Model 2	Model 3	Model 4
Oversea	-0.044*	-0.047*	0.005	0.004
	(-1.757)	(-1.865)	(0.612)	(0.515)
$Size_{t-1}$	-0.031*	-0.029*	0.000	0.006
	(-1.907)	(-1.819)	(0.022)	(1.149)
Lev_{t-1}	-0.397***	-0.400***	0.190***	0.156***
	(-4.725)	(-4.733)	(7.662)	(6.299)
$Cash_{t-1}$	-0.331**	-0.366***	0.073*	0.065*
	(-2.453)	(-2.728)	(1.891)	(1.678)
PPE_{t-1}	0.057	0.050	-0.022	-0.029
	(0.899)	(0.799)	(-1.147)	(-1.507)
CFO_{t-1}	0.665***	0.638***	0.008	0.008
	(4.429)	(4.185)	(0.157)	(0.165)
RET_{t-1}	0.053**	0.050**	-0.023***	-0.029***
	(2.377)	(2.216)	(-3.170)	(-4.079)
BM_{t-1}	-0.210***	-0.191***	0.129***	0.036
	(-3.370)	(-2.999)	(5.724)	(1.641)
ROA_{t-1}	0.909***	0.942***	-0.090	-0.096*
	(4.764)	(5.139)	(-1.564)	(-1.654)

续表

VARIABLES	投资过度		投资不足	
	Model 1	Model 2	Model 3	Model 4
$Board_{t-1}$	0.011	-0.004	0.023	0.024
	(0.188)	(-0.073)	(1.244)	(1.271)
$Block_{t-1}$	0.030	0.012	0.014	0.022
	(0.398)	(0.163)	(0.588)	(0.932)
Out_{t-1}	0.065	0.093	0.006	0.015
	(0.348)	(0.500)	(0.104)	(0.266)
$Foreign\ Own_{t-1}$	-0.204	-0.245	0.018	0.015
	(-0.934)	(-1.149)	(0.289)	(0.233)
$Manage\ Own_{t-1}$	-0.442	-0.478	-0.172	-0.171
	(-1.091)	(-1.118)	(-1.336)	(-1.333)
$Manage\ Age_{t-1}$	-0.502***	-0.487***	0.070	0.074
	(-2.811)	(-2.718)	(1.265)	(1.355)
$Female_{t-1}$	0.018	0.071	-0.050	-0.035
	(0.152)	(0.588)	(-1.274)	(-0.889)
$Tenure_{t-1}$	-0.116**	-0.127***	0.012	0.009
	(-2.352)	(-2.600)	(0.767)	(0.604)
常数项	3.388***	3.369***	-0.812***	-0.911***
	(5.039)	(4.965)	(-3.792)	(-4.284)
年份效应	Yes	Yes	Yes	Yes
行业效应	Yes	Yes	Yes	Yes
样本数	3566	3547	6134	6153
伪 R^2	0.051	0.050	0.376	0.371

注：括号报告了经 Huber–White Sandwich 方法调整后的标准误差得到的 t 值。*，**，***分别代表在10%、5%和1%的显著性水平。

针对假说2，我们在模型（2-2）的基础上进一步引入企业海归特征与企业产权性质虚拟变量的交互项，以考察海归在不同所有制类型企业中对投资效率的影响作用是否存在差异，回归结果列于表2-7中。其中，模型1使用 InvEff1 作为因变量，模型2使用 InvEff2 作为因变量。表2-7中的结果表明，企业海归特征虚拟变量 *Oversea* 与中央国企虚拟变量 *Central* 的交互项系数均显著为负，而与地方国企虚拟变量 *Local* 的交互项系数则均不显著。因此，与地方国企和非国有企业相比，海归在中央国企中对投资效率的改善作用更为明显，与假说 2 相符。由于中央国企所能提供的资源最为丰富，这可以弥补海归在国内资源累积不足的缺点（Li 等，2012）。同时，国有企业在贷款以及政府补贴方面受到的扶持，也能够为企业提供较充足的资金和较低的破产风险，这都将帮助海归人才更好地在企业内发挥作用，从而提高企业的投资效率。

表 2-7　　企业海归特征在不同所有制企业的影响差异

VARIABLES	Model 1	Model 2
Oversea	-0.011	-0.012
	(-0.610)	(-0.675)
Central	-0.011	-0.011
	(-0.580)	(-0.576)
Oversea × *Central*	-0.068**	-0.064**
	(-2.369)	(-2.254)
Local	-0.019	-0.020
	(-1.326)	(-1.422)
Oversea × *Local*	0.007	0.010
	(0.282)	(0.419)
$Size_{t-1}$	-0.008	-0.012*
	(-1.201)	(-1.699)
Lev_{t-1}	-0.243***	-0.222***
	(-6.999)	(-6.386)
$Cash_{t-1}$	-0.197***	-0.200***
	(-3.628)	(-3.692)
PPE_{t-1}	0.073***	0.077***
	(2.792)	(2.906)
CFO_{t-1}	0.329***	0.315***
	(4.922)	(4.714)

续表

VARIABLES	Model 1	Model 2
RET_{t-1}	0.033***	0.034***
	(3.331)	(3.506)
BM_{t-1}	-0.152***	-0.106***
	(-5.450)	(-3.809)
ROA_{t-1}	0.605***	0.633***
	(7.876)	(8.223)
$Board_{t-1}$	0.000	-0.003
	(0.008)	(-0.113)
$Block_{t-1}$	-0.001	-0.006
	(-0.027)	(-0.181)
Out_{t-1}	0.032	0.032
	(0.402)	(0.405)
$Foreign\ Own_{t-1}$	-0.108	-0.106
	(-1.145)	(-1.114)
$Manage\ Own_{t-1}$	-0.138	-0.144
	(-0.875)	(-0.908)
$Manage\ Age_{t-1}$	-0.207***	-0.208***
	(-2.632)	(-2.647)
$Female_{t-1}$	0.022	0.022
	(0.425)	(0.427)
$Tenure_{t-1}$	-0.047**	-0.049**
	(-2.275)	(-2.365)
常数项	1.588***	1.654***
	(5.261)	(5.471)
年份效应	Yes	Yes
行业效应	Yes	Yes
样本数	9700	9700
伪 R^2	-0.027	-0.027

注：回归结果的 Model 1 使用 InvEff1 作为因变量，Model 2 使用 InvEff2 作为因变量。括号报告了经 Huber – White Sandwich 方法调整后的标准误差得到的 t 值。*，**，***分别代表在 10%、5% 和 1% 的水平上显著。

第五节 稳健性检验

在工具变量部分,我们使用地区的历史特征作为影响企业海归特征的外生变量。然而,该历史特征可能潜在地影响当地的制度环境,进而影响企业的投资效率。为了控制地区制度因素对企业投资效率的影响,参考 Ang 等(2013)的研究,我们利用樊纲等(2011)市场化进程指标构造了衡量地区制度特征的测度。

首先,我们利用金融业竞争和信贷资金分配市场化两个子指标指数构造地区金融系统发展指标,对于每个子指标,通过如下计算公式进行标准化:

$$Score = \frac{V_i - V_{min}}{V_{max} - V_{min}} \times 10 \qquad (2-3)$$

其中,V_i 为对应子指标指数在各年度的取值,V_{min} 和 V_{max} 分别为对应子指标指数在 2000 年的最小值与最大值。然后,利用两个标准化后的子指标指数的算术平均值作为该地区当年的金融系统发展指标 Financial。采用相同的计算方法,我们还利用减少政府对企业干预和减少企业对外税费负担两个子指标指数构造了地区的腐败遏制指标 Corruption。我们将上述两个地区制度的相关测度作为控制变量,重新对假说进行回归检验,结果列于表 2-8 中。模型 1 和模型 3 使用 InvEff1 作为因变量,模型 2 和模型 4 使用 InvEff2 作为因变量。模型 5 和模型 6 分别使用 InvEff3 和 InvEff4 作为因变量。表 2-8 的模型 1、模型 2 给出了控制地区制度因素后的回归结果。

其次,我们采取另外一种方法来减少内生性问题可能带来的影响。通过选取企业海归特征的滞后 1 期变量,可以减少企业由于具有高投资效率而吸引或招聘更多海外人才的问题。表 2-8 中的模型 3、模型 4 给出了使用滞后 1 期 Oversea 进行回归的结果。

为了进一步保证投资效率测度的稳健性,我们另外构建了两个度量企业投资效率的指标。参考 Biddle 等(2009)的研究,我们使用企业投资对

成长机会的回归模型来估计企业的投资效率。这里,成长机会用销售增长率来衡量。回归模型如下:

$$Inv_{i,t} = \beta_0 + \beta_1 SalesGrowth_{i,t-1} + \varepsilon_{i,t} \tag{2-4}$$

其中,因变量 Inv 的定义与模型(2-1)一致,$SalesGrowth$ 是销售收入从 $t-1$ 年到 t 年变化的百分比。我们对模型(2-4)进行分年度分行业估计,并要求每年每个行业的观测值数大于等于20,回归估计得到的残差绝对值作为投资效率的衡量指标($InvEff3$)。

此外,考虑到投资与收入增长的关系在收入增加或减少时可能存在差异(McNichols 和 Stubben 2008),参考 Chen 等(2011a),我们在模型(2-4)的基础上构建了一个分段线性回归模型:

$$Inv_{i,t} = \beta_0 + \beta_1 NEG_{i,t-1} + \beta_2 SalesGrowth_{i,t-1} + \beta_3 NEG \times SalesGrowth_{i,t-1} + \varepsilon_{i,t} \tag{2-5}$$

其中,Inv 表示企业的资本投资量,定义与先前一致。$SalesGrowth$ 是销售收入从 $t-1$ 年到 t 年变化的百分比。NEG 为虚拟变量,若销售收入增长率小于0,则取值为1,否则为0。同时,我们还在模型中引入 NEG 与销售收入增长率的交互项。同样,我们对模型(2-5)进行分年度分行业估计,并要求每年每个行业的观测值数大于等于20。最终,使用估计得到的残差绝对值作为投资效率的替代指标($InvEff4$)。表2-8中的模型5、模型6给出了回归结果。

总体而言,表2-8的稳健性检验结果表明,我们的结论与前文基本一致,同时表2-9对假说2也进行了上述稳健性检验,结果也仍然一致。

表2-8　　　　　　　　　　稳健性检验

VARIABLES	控制其他制度因素		Oversea 滞后项		投资效率替代指标	
	Model 1	Model 2	Model 3	Model 4	Model 5	Model 6
Oversea	-0.019*	-0.018*			-0.026**	-0.023**
	(-1.755)	(-1.674)			(-2.194)	(-1.986)
$Oversea_{t-1}$			-0.027**	-0.026**		
			(-2.367)	(-2.314)		

续表

VARIABLES	控制其他制度因素		Oversea 滞后项		投资效率替代指标	
	Model 1	Model 2	Model 3	Model 4	Model 5	Model 6
$Size_{t-1}$	−0.008	−0.011	−0.006	−0.010	−0.015**	−0.014*
	(−1.100)	(−1.616)	(−0.869)	(−1.363)	(−2.070)	(−1.915)
Lev_{t-1}	−0.241***	−0.221***	−0.228***	−0.208***	−0.105***	−0.118***
	(−6.974)	(−6.366)	(−6.233)	(−5.679)	(−2.867)	(−3.251)
$Cash_{t-1}$	−0.190***	−0.194***	−0.150**	−0.152***	−0.289***	−0.261***
	(−3.488)	(−3.564)	(−2.535)	(−2.579)	(−4.969)	(−4.538)
PPE_{t-1}	0.070***	0.074***	0.087***	0.090***	0.045	0.051*
	(2.665)	(2.776)	(3.116)	(3.206)	(1.615)	(1.826)
CFO_{t-1}	0.335***	0.321***	0.352***	0.334***	0.436***	0.416***
	(5.011)	(4.799)	(5.064)	(4.800)	(6.189)	(5.978)
RET_{t-1}	0.031***	0.033***	0.029***	0.030***	0.027**	0.028***
	(3.130)	(3.317)	(2.973)	(3.122)	(2.483)	(2.648)
BM_{t-1}	−0.159***	−0.113***	−0.146***	−0.102***	−0.174***	−0.138***
	(−5.727)	(−4.077)	(−5.151)	(−3.596)	(−5.607)	(−4.493)
ROA_{t-1}	0.608***	0.636***	0.536***	0.568***	0.482***	0.645***
	(7.884)	(8.225)	(6.816)	(7.214)	(5.928)	(7.893)
$Board_{t-1}$	−0.008	−0.011	−0.004	−0.008	0.030	0.036
	(−0.333)	(−0.444)	(−0.161)	(−0.291)	(1.110)	(1.366)
$Block_{t-1}$	−0.017	−0.022	−0.002	−0.009	−0.030	−0.031
	(−0.524)	(−0.676)	(−0.068)	(−0.257)	(−0.865)	(−0.903)
Out_{t-1}	0.047	0.046	0.043	0.041	0.013	0.026
	(0.595)	(0.587)	(0.488)	(0.465)	(0.165)	(0.326)
$Foreign\ Own_{t-1}$	−0.082	−0.081	−0.050	−0.042	−0.006	−0.058
	(−0.872)	(−0.852)	(−0.475)	(−0.397)	(−0.052)	(−0.537)
$Manage\ Own_{t-1}$	−0.045	−0.057	−0.174	−0.188	−0.269	−0.274
	(−0.283)	(−0.361)	(−1.103)	(−1.185)	(−1.518)	(−1.576)
$Manage\ Age_{t-1}$	−0.209***	−0.212***	−0.242***	−0.242***	−0.352***	−0.321***
	(−2.657)	(−2.700)	(−2.904)	(−2.901)	(−4.229)	(−3.899)
$Female_{t-1}$	0.036	0.035	0.050	0.048	0.045	0.050
	(0.693)	(0.678)	(0.912)	(0.886)	(0.835)	(0.925)

续表

VARIABLES	控制其他制度因素		Oversea 滞后项		投资效率替代指标	
	Model 1	Model 2	Model 3	Model 4	Model 5	Model 6
$Tenure_{t-1}$	-0.052**	-0.054***	-0.048**	-0.051**	-0.037*	-0.034
	(-2.531)	(-2.616)	(-2.038)	(-2.185)	(-1.708)	(-1.573)
Financial	-0.001	-0.001				
	(-0.389)	(-0.293)				
Corruption	-0.005*	-0.005*				
	(-1.758)	(-1.662)				
常数项	1.629***	1.703***	1.630***	1.678***	2.201***	1.980***
	(5.446)	(5.681)	(5.119)	(5.252)	(7.035)	(6.383)
年份效应	Yes	Yes	Yes	Yes	Yes	Yes
行业效应	Yes	Yes	Yes	Yes	Yes	Yes
样本数	9700	9700	8316	8316	9699	9699
伪 R^2	0.061	0.061	0.067	0.067	0.066	0.066

注：回归结果的 Model 1 和 Model 3 使用 InvEff1 作为因变量，Model 2 和 Model 4 使用 InvEff2 作为因变量。Model 5 和 Model 6 分别使用 InvEff3 和 InvEff4 作为因变量。括号报告了经 Huber – White Sandwich 方法调整后的标准误差得到的 t 值。*，**，***分别代表在 10%、5% 和 1% 的水平上显著。

表 2-9　　　　　　　　稳健性检验：假说 2

VARIABLES	控制其他制度因素		Oversea 滞后项		投资效率替代指标	
	Model 1	Model 2	Model 3	Model 4	Model 5	Model 6
Oversea	-0.010	-0.011			-0.013	-0.012
	(-0.550)	(-0.621)			(-0.660)	(-0.630)
Central	-0.015	-0.014			0.001	0.005
	(-0.757)	(-0.737)			(0.053)	(0.261)
Oversea × Central	-0.064**	-0.061**			-0.068**	-0.069**
	(-2.252)	(-2.147)			(-2.198)	(-2.257)
Local	-0.020	-0.021			-0.005	-0.002
	(-1.425)	(-1.515)			(-0.298)	(-0.137)
Oversea × Local	0.008	0.011			0.001	0.006
	(0.315)	(0.450)			(0.028)	(0.231)

续表

VARIABLES	控制其他制度因素		Oversea 滞后项		投资效率替代指标	
	Model 1	Model 2	Model 3	Model 4	Model 5	Model 6
$Oversea_{t-1}$			-0.028	-0.027		
			(-1.443)	(-1.396)		
$Central_{t-1}$			-0.016	-0.017		
			(-0.798)	(-0.843)		
$Oversea_{t-1} \times Central_{t-1}$			-0.033	-0.029		
			(-1.056)	(-0.940)		
$Local_{t-1}$			-0.016	-0.017		
			(-1.075)	(-1.104)		
$Oversea_{t-1} \times Local_{t-1}$			0.016	0.014		
			(0.624)	(0.539)		
$Size_{t-1}$	-0.006	-0.009	-0.005	-0.009	-0.014*	-0.013*
	(-0.815)	(-1.341)	(-0.717)	(-1.217)	(-1.894)	(-1.759)
Lev_{t-1}	-0.244***	-0.224***	-0.229***	-0.210***	-0.107***	-0.120***
	(-7.056)	(-6.440)	(-6.275)	(-5.718)	(-2.927)	(-3.306)
$Cash_{t-1}$	-0.189***	-0.193***	-0.148**	-0.151**	-0.291***	-0.263***
	(-3.469)	(-3.546)	(-2.504)	(-2.546)	(-4.997)	(-4.581)
PPE_{t-1}	0.073***	0.076***	0.089***	0.092***	0.045	0.051*
	(2.775)	(2.888)	(3.198)	(3.294)	(1.644)	(1.842)
CFO_{t-1}	0.329***	0.316***	0.347***	0.330***	0.431***	0.411***
	(4.931)	(4.722)	(5.014)	(4.752)	(6.134)	(5.926)
RET_{t-1}	0.031***	0.033***	0.029***	0.031***	0.026**	0.028***
	(3.147)	(3.337)	(2.995)	(3.149)	(2.467)	(2.626)
BM_{t-1}	-0.163***	-0.116***	-0.148***	-0.104***	-0.178***	-0.142***
	(-5.818)	(-4.156)	(-5.213)	(-3.648)	(-5.718)	(-4.615)
ROA_{t-1}	0.611***	0.638***	0.537***	0.568***	0.486***	0.650***
	(7.915)	(8.254)	(6.821)	(7.214)	(5.985)	(7.959)
$Board_{t-1}$	-0.002	-0.005	0.001	-0.003	0.034	0.040
	(-0.061)	(-0.176)	(0.033)	(-0.097)	(1.244)	(1.479)
$Block_{t-1}$	-0.002	-0.007	0.009	0.003	-0.023	-0.026
	(-0.064)	(-0.214)	(0.246)	(0.072)	(-0.652)	(-0.746)

续表

VARIABLES	控制其他制度因素		Oversea 滞后项		投资效率替代指标	
	Model 1	Model 2	Model 3	Model 4	Model 5	Model 6
Out_{t-1}	0.043	0.042	0.041	0.038	0.015	0.028
	(0.547)	(0.538)	(0.463)	(0.434)	(0.180)	(0.362)
$Foreign\ Own_{t-1}$	-0.087	-0.086	-0.051	-0.044	-0.003	-0.053
	(-0.916)	(-0.903)	(-0.488)	(-0.418)	(-0.026)	(-0.488)
$Manage\ Own_{t-1}$	-0.099	-0.109	-0.206	-0.223	-0.299*	-0.294*
	(-0.624)	(-0.682)	(-1.313)	(-1.404)	(-1.675)	(-1.677)
$Manage\ Age_{t-1}$	-0.182**	-0.185**	-0.224***	-0.223***	-0.341***	-0.315***
	(-2.287)	(-2.329)	(-2.653)	(-2.640)	(-4.030)	(-3.751)
$Female_{t-1}$	0.026	0.026	0.042	0.041	0.039	0.045
	(0.491)	(0.490)	(0.774)	(0.748)	(0.709)	(0.826)
$Tenure_{t-1}$	-0.048**	-0.050**	-0.045*	-0.048**	-0.035	-0.032
	(-2.344)	(-2.428)	(-1.903)	(-2.053)	(-1.595)	(-1.467)
$Financial$	-0.001	-0.001				
	(-0.401)	(-0.299)				
$Corruption$	-0.005*	-0.005*				
	(-1.779)	(-1.686)				
常数项	1.475***	1.551***	1.530***	1.575***	2.125***	1.923***
	(4.822)	(5.059)	(4.687)	(4.812)	(6.608)	(6.028)
年份效应	Yes	Yes	Yes	Yes	Yes	Yes
行业效应	Yes	Yes	Yes	Yes	Yes	Yes
样本数	9700	9700	8316	8316	9699	9699
伪 R^2	0.062	0.061	0.068	0.067	0.066	0.067

注：回归结果的 Model 1 和 Model 3 使用 $InvEff1$ 作为因变量，Model 2 和 Model 4 使用 $InvEff2$ 作为因变量。Model 5 和 Model 6 分别使用 $InvEff3$ 和 $InvEff4$ 作为因变量。括号报告了经 Huber – White Sandwich 方法调整后的标准误差得到的 t 值。*，**，***分别代表在 10%、5% 和 1% 的水平上显著。

第六节 结 论

海归人才对于国家宏观经济增长以及微观企业发展都具有重要意义，但囿于数据的可获得性，较难在经验研究上提供相应证据。本章手工搜集整理了 2000~2009 年 A 股非金融类上市公司的海归特征数据，首次从高管海外经历的角度考察了其对企业投资效率的影响作用。

本章发现，作为知识转移的途径之一，海外经历能够帮助高管或董事在进行公司决策时更好地运用在国外累积的专业知识和管理技能。同时，有海归人才能够帮助企业改善公司治理水平（Giannetti 等，2015）。因此，有海归特征的企业确实具有更高的投资效率。通过将企业的投资行为划分为投资过度与投资不足，我们发现具有海外经历的高管能够有效缓解企业的投资过度行为，但对于企业投资不足的行为影响并不明显。进一步地，通过考察海归在不同产权性质企业中对投资效率的影响差异发现，与地方国企和非国有企业相比，海归高管对中央国企的投资效率具有更明显的提升作用。

本章的结论不仅丰富了企业效率研究领域的相关文献，并且从企业高管的海外经历角度出发，为微观企业层面上的研究提供了新的思路。同时，Giannetti 等（2015）发现具有海外经历的董事能够提升公司业绩，本章的结论实际上为海归提升公司业绩的机制进行了补充。同时，我们的发现表明，要进一步提高海归人才在企业中发挥的积极作用，不仅需要提供相应的资源和合适的平台，同时还要从制度环境上提供保障。这对于如何有效保证中国"人才引进"政策的实施效果具有一定的参考价值。

需要说明的是，本章也存在一定的局限性。如何有效处理内生性问题是本章与其他研究海归人才对企业影响时面临的重要问题。本章借鉴使用的工具变量尽管在一定程度上支持了本章的研究结论，但并不完美。例如，企业所在地区的历史文化特征可能对企业聘任海归以及企业投资效率同时造成影响，这将可能导致本章的回归结果产生偏误。当然，在稳健性检验中，通过控制地区的历史特征能在一定程度上缓解这样的影响，但寻求合适的外生政策冲击或其他工具变量仍然是未来需要继续探讨的方向。此外，尽管本章发现企业的海归特征在总体上对企业投资效率有提升作用，但在区分高管特征后，由于现有样本的限制并未获得进一步的发现，在未来样本继续扩展的情况下，通过进一步区分不同高管的海外经历特征差异来考察其对企业的影响作用将是下一步的研究方向。

第三章 高管海外经历与企业海外客户

第一节 问题的提出

新兴市场和转型经济体的出口在近几年一直不断增长。作为新兴市场中具有代表性的国家之一，中国在2013年的出口额已达到2.21万亿美元，占全球出口总额的11.8%。尽管一些研究分析了驱动企业出口的因素（Gabrielsson 和 Kirpalani，2004；Knight 和 Cavusgil，2004），但对理解新兴国家的出口增长现象仍然是有限的（Wright，Filatotchev，Hoskisson 和 Peng，2005）。

Filatotchev，Liu，Buck 和 Wright（2009）认为，出口导向和出口业绩之间的关系不仅取决于公司年龄、规模和资源禀赋等公司层面的因素，还取决于管理者的人力资本。正如 Wang，Zweig 和 Lin（2011，第429页）提到的，"国有企业和民营企业在全球化发展方面的追求往往会由于缺乏足够的海外市场经验以及与海外市场的联系而受到阻碍。"在新兴国家中，企业能够直接接触到的进行海外市场拓展的经验相对较少，而相反，那些能够获得海外知识、经验以及依赖国际化网络的企业可能会更加国际化（Manolova，Brush，Edelman 和 Greene，2002；Westhead，Wright 和 Ucbasaran，2001）。

本章主要研究了高管的海外经历是否能够影响企业获得海外客户以及在海外市场的销售情况。基于知识基础理论（Knowledge-based View，KBV）和社会资本理论，我们认为具有海外经历的高管能够将海外经历中获取的知识和资源带回给企业,从而帮助企业弥补海外市场经验的不足,有助于开展国际活动并建立海外市场(Liu 等,2010;Sapienza,Autio,George 和 Zahra,2006;Wang,2015)。

首先,我们手工搜集整理了所有在中国 A 股市场上市的非金融行业公司的独特数据集。一方面,根据上市公司高管及董事的简历信息,手工搜集整理了其海外经历的相关信息,包括海外教育经历、海外工作经历以及海外经历所待的国家等信息。另一方面,我们还从上市公司年报中搜集整理了公司前五大客户的主要信息。总体而言,我们发现上市公司高管海外经历与海外客户之间存在显著的正相关关系。

其次,上述发现可能会受到潜在内生性问题的影响,例如,拥有更多的海外客户的企业会更倾向于雇佣具有海外经历的高管来维持或继续拓展海外业务。为了缓解内生性问题的影响,我们采用工具变量法进行回归,发现结论仍然一致。

最后,我们尝试检验拥有海外经历的高管对企业海外客户产生影响的具体机制,研究结果表明,雇佣具有海外经历高管的企业更有可能参与跨境并购、聘请国际四大会计师事务所以及在海外进行上市,这对于企业拓展海外市场有一定的潜在影响。同时,我们还通过识别高管海外经历的不同类型(例如,是海外教育经历还是海外工作经历、海外经历所待的国家是否与海外客户的国家相同、具有海外经历高管的职位差异等),以此考察这些特征对高管海外经历与企业海外客户之间关系的边际影响。我们发现,具有海外工作经历的、在个人主义文化程度更高的国家具有海外经历的高管更能够帮助企业获得海外客户。

本章首次考察了上市公司高管海外经历对企业获得海外客户的影响,可能有以下潜在贡献:

首先,基于知识基础理论和社会资本理论,我们认为企业的出口倾向、是否获得海外客户以及出口绩效的改善不仅依赖于公司年龄、企业规模和资源禀赋等公司特征因素,还取决于企业高管的个人特征,尤其是海外经历。通过实证分析,我们发现具有海外经历的高管由于拥有本土高管所缺乏的经验知识和社会网络关系，能够提高企业获得海外客户的概率，同时提高企业的海外销售收入。

其次，本研究不仅考察了高管海外经历与企业海外市场业绩之间的直接关系，还试图探讨高管海外经历对企业获得海外客户可能存在的潜在影响机制。我们发现，具有海外经历高管的上市公司更有可能参与跨境并购、聘请国际四大会计师事务所以及在海外进行上市。这些公司行为不仅有助于帮助公司巩固对自身的认可，从而获得海外客户，同时还有助于公司积极地参与到国际市场的竞争当中。麦肯锡公司在2008年曾评论道：自1999年"走出去"政策实施以来，中国企业在国际市场上的发展所取得的成绩仍然是有限的，而其中阻碍中国企业进行全球化发展的最大障碍就是跨文化的竞争。然而，我们的结论表明，随着近年来人才的不断回流，具有海外经历的人才凭借其拥有的经验知识以及跨文化的竞争力，能够在中国企业内发挥连接海外市场的关键作用。正是这种人才流动所带来的国际的知识溢出效应，表明以往的"人才流失"现象正逐步转变为当前的"人才回流"现象（Beine，Docquier 和 Rapoport，2008；Bhagwati 和 Hamada，1974；Kerr，2008；Giannetti，Liao 和 Yu，2015）。

最后，我们的研究结果表明，在国外市场中具有海外工作经验，或者在企业中拥有更高职位的海外经历高管，其对企业在海外市场业绩的提高作用更大。此外，当具有海外经历的高管与相同海外国家的客户开展业务时，更有可能与对方成功建立联系。同时，我们还发现国家文化也可能影响海外经历高管的影响，尤其是个人主义文化。这些发现均有助于加深对高管个人特征与企业海外市场发展关系的理解。

本章的其余部分安排如下：第二节回顾相关文献；第三节是数据来源；在第四节中，我们介绍了关于高管海外经历对海外客户影响的主要实证结果；第五节探讨了潜在的影响机制；第六节考察了高管海外经历的异质性对企业获得海外客户的边际影响；第七节是总结。

第二节 相关文献回顾

已有文献在讨论企业客户关系时，主要集中在企业规模、技术优越程度、产品的独特性或特殊的管理营销知识等一些公司层面优势，且主要针对大公司而言（Chen 和 Chen，1998）。在本章中，我们认为管理层过去经历积累的知识经验也是影响企业业绩的重要因素之一，因此尝试从企业管理层的人力资本这个角度出发来讨论具有海外经历的高管如何通过其知识经验以及社会网络关系来影响企业在海外市场的发展。

一、知识基础理论（KBV）

新兴市场的公司面临较短的组织生活、较小的企业规模和资源限制。由于面临着较大的竞争压力，企业的管理层会充分利用他们的知识来维持公司的经营发展（Filatotchev 等，2009）。知识基础理论（KBV）认为，知识是"企业最有价值的战略资源和创造竞争优势的原则基础"（Dai 和 Liu，2009）。知识被创建并存储在个人中，如果企业能整合不同人的知识，就可以发挥企业自身的独特优势（Ghoshal 和 Moran，1996；Grant，1996；Kogut 和 Zander，1992；Nonaka，1994；Spender，1996；Teece，1998）。同时，知识基础理论还强调，知识和能力的异质性是企业保持持续竞争优势和卓越绩效的基础。根据知识基础理论，除了类似文档或系统之类的实体来存储知识，知识也可以通过员工来进行传递。一般而言，知识可以被分为两种类型：第一种是显性知识，即该类知识可以较容易地在个人和组织之间进行明确交流和沟通；第二类是隐性知识（如技能、知识和情境知识），该类知识仅在应用的过程中体现，而将隐性知识从一个个体/组织转移到另一个个体/组织是十分困难且具有较高成本的（Kogut 和 Zander，1992；Nonaka，1994）。

具有一定能力的个人能够通过移居国外进行知识积累，且这种知识包括显性和隐性知识两种。他们在国外积累的知识经验以及个人能力，能够使得他们在回国之后更好发挥作用，并能弥补本土人才在制度和文化方面的障碍（Saxeniank，2006）。这些从海外回流的人才不仅了解全球经营战略的复杂性，同时也更加熟悉海外市场的特点、商业环境和文化模式（Downes 和 Thomas，1999）。因此，当这些极富能力的人才回国之后，能够产生"人才回流"效应，即与没有海外经历的企业管理层相比，他们能够更好地帮助企业开拓海外市场（Giannetti，Liao 和 Yu，2015；Dai 等，2018；Saxenian，2006），能够运用在海外经历中积累的知识经验获得海外市场的机会，并凭借社会网络关系与潜在的海外客户进行更有效的沟通并建立联系（Bloodgood，Sapienza 和 Almeida，1996；Jones 和 Coviello，2005；Madhok，1997；Reuber 和 Fischer，1997）。而对于已经了解外国组织如何运作的管理者，他们也可能会采用卓越的管理实践、生产力和营销技巧（Bloom 和 Van Reenen，2006）。因此，具有海外经历的高管也可能获得重要的隐性知识，如实际的商业技能、管理技能、营销技巧，并寻求在国外运作的资金，以帮助他们在国外经营业务，并改善其在企业战略方面的选择（Dai 和 Liu，2009）。总而言之，我们预期拥有海外经历高管的公司，更有可能与海外客户建立关系，并且会表现出比其他本地公司更好的海外业绩。

二、社会资本理论

公司不仅依靠内部知识获得商业成功，还需要通过网络和人际关系从外部获取知识和商业信息。社会资本理论强调社会资本与资源获取之间的联系，包括人际关系和嵌入关系中的资源（Lin，2001）。国际网络关系有助于发展海外客户所需要的隐性知识。正如已有的一些研究发现，社会网络关系由于提供了内部不可获得的信息和资源，对于许多小公司来说特别重要（Davidsson 和 Honig，2003；Peng 和 Zhou，2005）。

具有海外经历的管理层由于其拥有的社会网络关系，能够扮演"中国与国际市场之间的桥梁"（Dai 和 Liu，2009），这不仅对早期的国际化决策有重要影响，而且通过减少信息、知识的障碍和交易成本，改善获取重要信息和补充资源，对国际商业活动也有重要影响（Contractor，Wasserman

和 Faust，2006）。例如，Saxenian（2006）追溯了我国台湾地区半导体行业的起步，发现具有海外经历的管理层与美国市场的关系使他们"能够找到有前途的新市场机会、筹集资金、建立管理团队，并在专业生产商距离较远的情况下建立伙伴关系。"

总而言之，我们推测，与没有雇佣海归高管的企业相比，那些雇用海归高管的企业更有可能与海外客户开展业务。因此，雇佣具有海外经历的高管人员实际上也可以被看作是一种投资形式，即用于建立和维持与海外主要客户的关系，同时也降低了交易成本（Cristea，2011）。尽管已有研究分析了员工流动对技术和科学知识在国际传播中的影响（如 Liu 等，2010），但关于国家间的人员流动对当地企业的境外客户影响的研究还相对较少，特别是关于企业雇佣海归高管对企业海外客户以及海外市场的影响。本章正是从这个角度来展开研究。

第三节　数据与变量

一、数据

本章使用的数据来自多个途径。首先，我们手工搜集整理了 2007～2011 年在中国 A 股市场交易的所有非金融行业上市企业高管和董事的海外经历信息。其中，企业高管及董事的简历均来自 CSMAR 数据库。从个人简历中，我们能够获得高管及董事是否在海外具有教育经历或工作经历信息，同时还能够获得海外经历所待的国家信息。

其次，由于在 2007 年之前，我国上市公司仅报告前五大客户销售额占总销售额的比例。考虑到我们需要使用客户的具体信息以区分是否为海外客户或本地客户，因此我们选择了 2007 年以后的样本。[①] 具体而言，我们

[①] 虽然中国的企业仅在 2007 年之后才开始报告主要客户的详细信息，但可观察的数量在早年仍然很小。

从2007~2011年的企业年报中搜集整理了关于企业海外客户的相关信息。

最后,有关上市公司的其他财务信息以及地区宏观变量均来自CSMAR数据库。

表3-1提供了我们在实证分析中使用到的所有变量的详细定义。在剔除金融行业或财务信息缺失的样本后,我们的最终样本包含1041家公司和2280个公司的年度观测值。

表3-1　　　　　　　　　变量定义

变量名	变量定义
Overseas Customer	虚拟变量,若企业的前五大客户中包含海外客户,则取值为1,否则为0
Overseas Sales	企业前五大客户中,海外客户销售额除以企业的总销售额
Returnee	虚拟变量,若企业拥有具有海外经历的高管或董事,则取值为1,否则为0
Returnee Top4	虚拟变量,若企业拥有具有海外经历的CEO(副CEO)和董事长(副董事长),则取值为1,否则为0
Returnee Director	虚拟变量,若企业拥有具有海外经历的董事,则取值为1,否则为0
Returnee Work	虚拟变量,若企业拥有具有海外工作经历的高管或董事,则取值为1,否则为0
Returnee Edu	虚拟变量,若企业拥有具有海外教育经历的高管或董事,则取值为1,否则为0
Size	总资产的自然对数值
Leverage	总负债除以总资产
Slack	管理费用除以总资产
Age	企业上市年龄
ROA	资产收益率
AI	广告支出除以总收入
Block	第一大股东持股比例
High Area	虚拟变量,若企业所在省份的GDP高于当年所有省份的中位数,则取值为1,否则为0
Same Country	虚拟变量,若企业拥有海外经历的高管或董事与海外客户所在国一致,则取值为1,否则为0
Different Country	虚拟变量,若企业拥有海外经历的高管或董事与海外客户所在国不同,则取值为1,否则为0

续表

变量名	变量定义
IDV Above	虚拟变量,若高管或董事的海外经历所在国的个人主义文化程度高于中国,则取值为1,否则为0
IDV Below	虚拟变量,若高管或董事的海外经历所在国的个人主义文化程度低于中国,则取值为1,否则为0
Foreign M&A	虚拟变量,若企业当年参与跨国并购,则取值为1,否则为0
Big 4	虚拟变量,若企业当年聘请国际四大会计师事务所进行审计,则取值为1,否则为0
Cross-list	虚拟变量,若企业当年进行交叉上市,则取值为1,否则为0

二、变量定义

海外客户（Overseas Customers）：基于从公司年度报告中提取的信息，我们构造了两种用于衡量企业海外客户的变量。首先，我们使用一个二元变量 Overseas Customer，定义为如果公司披露的至少一个主要客户（前5名客户）是海外客户，则等于1，否则该值为0。其次，我们计算了海外主要客户的销售额与企业当年总销售额之比（Overseas Sales（%）），以衡量海外客户对公司业务重要性的程度。在构造上述变量时，我们将来自中国香港地区、澳门地区和台湾地区的客户也视为海外客户。表3-2列示了企业海外客户的具体分布，可以发现，前5大出口国家或地区分别是美国（23%）、中国香港地区（12%）、日本（8%）、德国（6%）和韩国（4%），共占全部海外客户的53%。

表3-2　　　　　　　　企业海外客户主要分布

国家或地区	观测值	占比	国家或地区	观测值	占比
United States	337	22.96	Sri Lanka	4	0.27
Hong Kong	179	12.19	Ukraine	4	0.27
Japan	112	7.63	Azerbaijan	3	0.2
Germany	85	5.79	Egypt	3	0.2
South Korea	62	4.22	Georgia	3	0.2

续表

国家或地区	观测值	占比	国家或地区	观测值	占比
Taiwan	60	4.09	Nigeria	3	0.2
United Kingdom	53	3.61	Bengal	2	0.14
India	50	3.41	Chile	2	0.14
Indonesia	31	2.11	Cuba	2	0.14
Italy	31	2.11	Ireland	2	0.14
Singapore	31	2.11	Lithuania	2	0.14
Canada	20	1.36	Macao	2	0.14
France	17	1.16	New Zealand	2	0.14
Spain	17	1.16	Pakistan	2	0.14
Thailand	17	1.16	Philippines	2	0.14
Netherlands	16	1.09	Poland	2	0.14
Russia	16	1.09	Portugal	2	0.14
Australia	15	1.02	Saudi Arabia	2	0.14
Belgium	14	0.95	Venezuela	2	0.14
Brazil	12	0.82	Virgin Island	2	0.14
Iran	12	0.82	kyrgyzstan	2	0.14
Mexico	11	0.75	Algeria	1	0.07
Argentina	10	0.68	Arabia	1	0.07
Sweden	10	0.68	Columbia	1	0.07
Malaysia	9	0.61	Czech	1	0.07
Switzerland	9	0.61	Ghana	1	0.07
Vietnam	9	0.61	Jordan	1	0.07
Austria	8	0.54	Kuwait	1	0.07
Denmark	8	0.54	Libya	1	0.07
Finland	8	0.54	Morocco	1	0.07
The United Arab Emirates	8	0.54	Paraguay	1	0.07
Burma	7	0.48	Peru	1	0.07
Israel	6	0.41	Roumania	1	0.07
Turkey	6	0.41	South Africa	1	0.07
Hungary	4	0.27	Sudan	1	0.07
Kenya	4	0.27	Uruguay	1	0.07

续表

国家或地区	观测值	占比	国家或地区	观测值	占比
North Korea	4	0.27	Uzbekistan	1	0.07
Norway	4	0.27	Other	90	6.13
			总计	1468	100

高管海外经历：参照 Giannetti 等（2015）和 Dai 等（2018），我们构造了一系列指标，以表示公司是否拥有具有海外经历的高管或董事，具体如下：

（1）Returnee 为虚拟变量，如果一家公司至少有 1 名具有海外教育或工作经验的高管或董事，或两者兼而有之，则等于 1，否则该值为 0。

（2）为了区分海外经历高管的不同职称，我们构造虚拟变量 Returnnee Top4，定义为如果公司的 CEO 或董事长（包括副 CEO 和副董事长）拥有海外教育或工作经验，或者两者兼有，则等于 1，否则该值为 0。同时构造虚拟变量 Returnee Director，如果一家公司至少有一名具有海外教育或工作经验的董事或两者兼任，则等于 1，否则该值为 0。

（3）为了区分海外经历高管的不同海外经历，我们构造虚拟变量 Returnee Work 作，如果一家公司至少有一名具有海外工作经验的高管或董事，则取值为 1，否则该值为 0。同时，构造虚拟变量 Returnee Edu，如果一家公司至少有一名拥有海外教育的高管或董事，则取值为 1，否则该值为 0。

此外，我们在回归模型中还包括了一系列控制变量，这些变量可能会影响公司对海外客户的销售（Filatotchev 等，2009；Giannetti 等，2015）。具体而言，我们控制了企业规模（Size），用总资产账面价值的自然对数进行衡量，并控制了企业年龄（Age）。由于企业的大股东可能会影响企业发展的战略决策，因此我们控制了第一大股东持股比例（Block）。我们还控制了其他因素，包括杠杆率（Leverage），定义为负债总额与总资产的比率；管理费用与销售总额的比率（Slack）；广告指出（AI），定义为销售费用占总销售额的比率，资产回报率（ROA）。Banker 等（2013）发现高管薪酬与管理能力之间具有一定联系，因此我们控制了管理团队平均工资的自然对数值（$Ln_{(Wage)}$），以此来控制企业管理层能力的潜在影响。此外，参考 Lee 和 Weng（2013），我们还构造了虚拟变量 High Area，其定义为在给定年份中，企业所在的省份 GDP 高于所有省份的中值则取值为 1，否则为 0。最后，为了控制行业效应，我们按照中国证券监督管理委员会（CSRC）颁布的上市公司行业分类指南构建行业虚拟变量。

表 3-3 是本章使用样本的描述性统计。其中，Panel A 中按照企业是否具有海外客户列出了两组样本的年度分布情况。该分组显示，每年拥有海外客户的企业占比在逐渐增加。在我们的样本中，超过 1/3 的公司至少有一个主要海外客户。

Panel B 按照企业是否雇佣具有海外经历的高管或董事列出了两组样本的年度分布情况。同样，我们可以发现具有海外经历高管或董事的企业占比也呈现逐步上升的趋势，样本中有近 40% 的样本至少拥有一位海外经历的高管或董事。

Panel C 列出了海外经历高管与海外客户的企业的分布情况。从表 3-3 中可以看到，无论是海外教育还是海外工作经历，当企业拥有海外经历高管或董事时，其拥有至少一个以上的主要海外客户的占比均显著较高（$z = 2.382$，p 值 $= 0.017$；$z = 3.530$，p 值 < 0.001；$z = 2.609$，p 值 $= 0.009$）。这初步表明，海外经历的高管能够帮助企业更好地发展与海外客户的关系。

Panel D 则展示了本章所有使用变量的描述性统计。在我们的样本中，约 35.2% 的样本公司具有至少一名海外客户。主要海外客户的销售占比均值约为 5.4%。37.5% 的样本公司中至少有一名海外经历的高管或董事，同时，有约 12.9% 的样本公司聘请了具有海外经历的 CEO 或董事长（包括副 CEO 或副董事长），有约 26% 的样本公司聘请了至少一名具有海外经历的董事。此外，雇佣了具有海外工作经历和海外教育经历的高管获董事的企业占比分别为 12.9% 和 19.4%。

表 3-3　　　　　　　　　　描述性统计

Panel A：样本分布：按年度

Year	Overseas Customer = 0	Overseas Customer = 1	Total	Fraction of firms with overseas customer
2007	45	18	63	28.57%
2008	84	48	132	36.36%
2009	379	183	562	32.56%
2010	468	252	720	35.00%
2011	502	301	803	37.48%
Total	1478	802	2280	35.18%

Panel B：样本分布：按是否有海外经历高管

Year	Oversea = 0	Oversea = 1	Total	Fraction of firms with returnee executives or directors
2007	46	17	63	26.98%
2008	88	44	132	33.33%
2009	354	208	562	37.01%
2010	442	278	720	38.61%
2011	495	308	803	38.36%
Total	1425	855	2280	37.50%

Panel C：样本分布：根据海外客户及高管海外经历特征

	Overseas Customer = 0	Overseas Customer = 1	Fraction of firms with overseas customer
Returnee = 0	950	475	33.33%
Returnee = 1	528	327	38.25%
Returnee Work = 0	1315	672	33.82%
Returnee Work = 1	163	130	44.37%
Returnee Edu = 0	1215	623	33.90%
Returnee Edu = 1	263	179	40.50%
Total	1478	802	35.18%

Panel D：描述性统计

Variable	Obs.	Mean	Std. Dev	Min	P25	Median	P75	Max
Overseas Customer	2280	0.352	0.478	0.000	0.000	0.000	1.000	1.000
Overseas Sales (%)	2280	0.054	0.122	0.000	0.000	0.000	0.045	0.880

续表

Variable	Obs.	Mean	Std. Dev	Min	P25	Median	P75	Max
Returnee	2280	0.375	0.484	0.000	0.000	0.000	1.000	1.000
Returnee Top4	2280	0.129	0.336	0.000	0.000	0.000	0.000	1.000
Returnee Director	2280	0.260	0.439	0.000	0.000	0.000	1.000	1.000
Returnee Work	2280	0.129	0.335	0.000	0.000	0.000	0.000	1.000
Returnee Edu	2280	0.194	0.395	0.000	0.000	0.000	0.000	1.000
Size	2280	21.439	1.069	19.291	20.684	21.278	22.054	24.614
Leverage	2280	0.430	0.221	0.036	0.250	0.433	0.609	0.914
Slack	2279	0.082	0.054	0.013	0.047	0.071	0.102	0.341
Age	2280	12.754	4.333	3.000	10.000	12.000	16.000	25.000
ROA	2278	0.054	0.064	-0.160	0.019	0.050	0.089	0.256
AI	2278	0.065	0.072	0.001	0.023	0.041	0.077	0.401
Block	2280	0.370	0.149	0.092	0.256	0.350	0.474	0.798
High Area	2280	0.795	0.404	0.000	1.000	1.000	1.000	1.000
Ln (Wage)	2280	11.915	0.679	10.112	11.465	11.910	12.350	13.677
Big4	2280	0.037	0.189	0.000	0.000	0.000	0.000	1.000
Foreign M&A	2280	0.070	0.255	0.000	0.000	0.000	0.000	1.000
Crosslist	2280	0.011	0.104	0.000	0.000	0.000	0.000	1.000

第四节 高管海外经历对海外客户的影响

一、主要海外客户及海外销售总额

我们首先根据公司是否有主要海外客户的情况，来比较公司的海外总销售额。表3-4中的结果表明，至少有一个海外主要客户的公司平均海外销售额比没有主要海外客户的公司高出3倍以上。因此，该结果显示了主要海外客户与企业对外销售总额之间的正相关关系，并且表明了具有主要海外客户的重要性。下面我们将进一步探讨高管海外经历对海外客户获取和海外销售的影响。

表 3-4　　　　　　　主要海外客户与海外销售总额的关系

Group	Obs.	Mean (10^8)	Std. dev (10^7)
Group1: *Overseas Customer* = 0	1478	1.83	1.82
Group2: *Overseas Customer* = 1	802	6.28	3.56
Difference: Group1 – Group2		(-4.45)***	

二、高管海外经历与海外客户/海外销售

为了考察高管海外经历对企业海外客户的影响关系,我们使用如下模型进行估计:

$$Overseas\ Customer = \alpha + \beta_1 Returnee + \beta_n Controls + FixedEffects + \varepsilon \quad (3-1)$$

其中,*Overseas Customer* 为虚拟变量,若公司拥有海外主要客户,则取值为 1,否则为 0。我们还使用海外销售额占比(*Overseas Sales*(%))作为替代衡量指标,用于反映海外客户的集中程度。模型(3-1)中的关键自变量是 *Returnee*,我们预期 β_1 的符号为正。Controls 为一系列控制变量,此外,我们还控制了省份、年度和行业的固定效应。

考虑到因变量的特征,当因变量为 *Overseas Customer* 时,我们使用 Logit 模型,当因变量为 *Overseas Sales*(%)时,我们使用普通最小二乘法(OLS)和 Tobit 模型。

表 3-5 列出了模型(3-1)的主要回归结果。在第一列中,因变量是是否拥有海外客户的虚拟变量 *Overseas Customer*。可以看到,*Returnee* 的回归系数为正,且在 5% 的水平下显著($\beta = 0.241$,$p < 0.05$),表明具有海外经历高管或董事的企业确实更有可能与海外客户建立联系。经过换算,拥有海外经历高管或董事的公司比没有海外经历高管或董事的公司增加了拥有海外客户约 5% 的概率。

表 3-5　　　　　　高管海外经历、海外客户与海外销售

Variable	*Overseas Customers* Logit Model (1)	*Overseas Sales* (%) OLS Model (2)	*Overseas Sales* (%) Tobit Model (3)
Returnee	0.241**	0.010*	0.034***
	(2.421)	(1.944)	(2.673)

续表

Variable	Overseas Customers Logit Model (1)	Overseas Sales (%) OLS Model (2)	Overseas Sales (%) Tobit Model (3)
Size	-0.260***	-0.019***	-0.047***
	(-4.279)	(-6.130)	(-5.751)
Leverage	-0.273	-0.032**	-0.058
	(-0.942)	(-2.221)	(-1.604)
Slack	-1.582	-0.178***	-0.343**
	(-1.438)	(-3.747)	(-2.532)
Age	-0.003	-0.000	-0.001
	(-0.221)	(-0.577)	(-0.450)
ROA	-3.392***	-0.099**	-0.385***
	(-3.496)	(-2.054)	(-2.941)
AI	-2.890***	-0.209***	-0.581***
	(-3.164)	(-5.651)	(-4.745)
Block	0.100	0.014	0.019
	(0.294)	(0.860)	(0.434)
High Area	0.562***	0.006	0.057***
	(4.152)	(1.190)	(3.164)
Ln(Wage)	0.405***	0.009**	0.042***
	(4.541)	(2.054)	(3.704)
Constant	13.643***	0.778***	0.986***
	(9.015)	(14.226)	(6.636)
Fixed Effects	Yes	Yes	Yes
Obs	2255	2277	2277
Pseudo R2/R2	0.115	0.115	0.224

在表 3-5 的第二列与第三列中,因变量是海外销售额占比 (Overseas Sales (%)),由于销售比例的取值位于 0~1,因此我们使用 Tobit 模型进行估计。同时,我们也报告了使用 OLS 进行估计的结果。根据表 3-5 后两列的结果,Returnee 的回归系数均显著为正 ($\beta = 0.010$, $p < 0.1$; $\beta = 0.034$, $p < 0.01$),这与我们的预期一致。总的来说,上述结果均表明,高

管海外经历能够提高公司获得海外客户的可能性，并能够提高企业的海外销售额占比。

在控制变量方面，*Size*、*ROA* 和 *AI* 均显著为负，这表明规模较大、盈利能力较强以及名气较大的企业可能更少关注海外客户。这可能是由于，规模较小、盈利能较差和名声较小的企业会更容易感受到行业内的竞争压力，这迫使他们相对于规模较大、盈利能力较强以及名气较大的企业会更倾向于拓展海外市场。变量 *Slack* 显著为负，表明企业组织结构的冗余程度可能会阻碍企业发展海外客户。国有企业虚拟变量 *SOE* 显著为负，表明与国有企业相比，非国有企业可能更关注海外市场的发展。同时，*High Area* 显著为正，意味着位于较发达地区的企业能够更好地发展和维持与海外客户的关系。

三、内生性问题

表 3-5 的回归结果与我们在前文提到的假设一致，这为我们提供了高管海外经历能够帮助企业发展海外客户，提高海外销售占比的证据。然而，上述结果可能会受到潜在内生性的影响，即拥有更多海外客户的企业更有可能倾向于雇佣具有海外经历的高管或董事来维持或继续拓展海外业务。为了缓解内生性问题的影响，我们使用工具变量法重新进行估计。

参考 Ang 等（2014）的研究，我们构造虚拟变量 *British* 作为工具变量[①]，若清朝末年时期，英国在某省份建立了殖民地或租借地，则对总部位于该省份的样本企业取值为 1，否则为 0。选取该变量作为工具变量的原因是：(1) 由于上述地区的价值观容易受到早期西方制度的影响，因而生活在该地区的人们会有更多的机会接触西方文化，从而在未来更可能去往国外发展。当这些人学成归国之后，更有可能回到当地并受雇于当地企业；(2) 由于较早受到西方文化的影响，这些地区更容易凭借其偏西方的

---

① 根据 Yang 和 Ye（1993）的研究，下列地区曾在晚清时期由英国建立了殖民地或租界，包括福建厦门、湖北汉口、江西九江、江苏镇江、广东广州、山东威海、天津、上海。

价值氛围，成为海归人才的生活与工作的选择，从而使得这些地区的企业更有可能聘请到海归（Wang，2015）。由于所选工具变量的数据信息早于我们研究样本约100年，因此，并不会直接影响到企业当前的经营决策。

此外，为了控制不同省份在经济水平上的差异所可能造成的影响，我们在模型估计中控制了省份固定效应。使用工具变量重新估计的结果如表3－6所示：

表3－6　　　　　　　　　　工具变量回归结果

Variable	First Stage	Second Stage	
	Returnee	Overseas Customers	Overseas Sales Adjusted
Returnee		4.363**	0.291*
		(2.002)	(1.820)
Size	0.014	－0.211***	－0.022***
	(1.096)	(－3.085)	(－4.508)
Leverage	0.094	－0.714**	－0.061**
	(1.560)	(－2.079)	(－2.446)
Slack	0.599***	－3.000*	－0.337***
	(2.824)	(－1.824)	(－2.800)
Age	－0.000	－0.007	－0.001
	(－0.106)	(－0.551)	(－0.647)
ROA	0.658***	－5.197***	－0.294**
	(3.348)	(－2.999)	(－2.327)
AI	0.187	－3.118***	－0.239***
	(1.229)	(－3.584)	(－3.878)
Block	0.027	－0.153	0.008
	(0.381)	(－0.417)	(0.299)
High Area	0.046*	0.197	－0.010
	(1.707)	(1.018)	(－0.736)
Ln (Wage)	0.047***	0.003	－0.004
	(2.619)	(0.023)	(－0.382)
British	0.047**		
	(2.152)		
Constant	－0.691***	3.467*	0.562***
	(－2.741)	(1.781)	(3.948)
Obs.	2277	2277	2277
Wald statistic/F－test	15.36***	48.64***	5.02***

表3－6报告了工具变量的回归结果。其中，第一列报告了第一阶段的

回归结果，可以看到工具变量 British 的系数为正，且在 5% 的水平下显著（$\beta = 0.047$，$p < 0.05$），与我们的预期相符。第二列与第三列报告了第二阶段的回归结果，在第二列中，因变量为虚拟变量 Overseas Customers，在第三列中，参考 Giannetti 等（2015），我们对海外销售额占比进行了行业中位数调整，得到 Overseas Sales Adjusted。结果表明，在控制了潜在内生性后，高管海外经历变量的回归系数仍然显著为正，与前文结论一致。

第五节　潜在影响机制

在本节中，我们试图探讨高管海外经历对企业海外客户产生影响的具体机制。对于企业而言，可以通过直接销售产品或服务来建立海外市场。此外，企业也可以通过跨境并购、雇佣国际四大会计师事务所以及海外上市等使企业获得认可。具体而言，通过跨境并购，企业能够直接获得被并购方的客户（Sun 等，2012）。通过聘请国家四大会计师事务所作为审计师，公司能够向外界传递较高的公司治理水平以及财务报告质量的信号（Chen 等，2011），这能够帮助公司在海外市场树立形象，获得海外客户的信任。而海外上市能够提高外国投资者和消费者对产品信息的需求（Biddle 和 Saudagaran，1991），同时也可以改善公司的治理水平与信息透明度，提高公司的声誉（Coffee，2002）。

因此，我们试图考察具有海外经历的高管或董事的企业是否更有可能进行跨境并购、聘请国家四大会计师事务所作为审计师或进行海外上市，从而获得海外市场的认可并获得海外客户。由于具有海外经历的人才更有可能拥有全球商业、全球经济、国际贸易和国际法等经验知识，这些经验知识能够帮助中国企业在海外市场成为合法的参与者（Wang，Zweig 和 Lin，2011）。而由于并购等活动的成功与否正取决于收购方对被收购方当地的政治、经济、文化等方面的熟悉程度，因此对于缺少海外经历高管的公司而言，那些具有海外经历高管的企业更有可能参与到跨境并购活动中。Giannetti 等（2015）发现，具有海外经历的董事能够对企业的跨境并购产生积极影响。同时，由于海归高管可能更多地受到商业道德的影响，因此可能会提升公司的治理水平，聘请国际四大会计师事务所作为审计师来提高企业在海外市场的信任度。此外，正如 Wang, Zweig 和 Lin（2011）提到的，在纳斯达克上市的中国企业中，大多数的管理人员都有海外经验，其中一些人甚至在海外时已具有上市公司的工作经验，因此，具有海外经历的高管可能会促使企业进行海外上市。

表 3-7 报告了影响机制的回归结果。我们通过 CSMAR 数据库提供的并购交易信息，构造了企业是否参与跨境并购的虚拟变量（Foreign M&A），如果该公司在当年宣布的并购交易中至少有一个涉及跨境并购，则取值为 1，否则为 0。表 3-7 第一列的结果显示，Returnee 的系数为正，且在 10% 的水平下显著，表明拥有海外经历高管的企业参与跨境并购活动的可能性更高。

表 3-7 影响机制

VARIABLES	Foreign M&A	Big 4	Cross-list
Returnee	0.300*	1.443***	0.918**
	(1.701)	(5.332)	(2.038)
Size	0.321***	1.181***	1.141***
	(3.320)	(7.442)	(3.282)
Leverage	0.940*	-1.420	-2.173
	(1.754)	(-1.377)	(-0.941)
Slack	0.622	-9.740**	-1.168
	(0.345)	(-2.364)	(-0.226)
Age	0.017	0.084***	0.049
	(0.926)	(2.941)	(1.260)
ROA	1.820	-2.329	-13.449**
	(1.183)	(-0.752)	(-2.398)
AI	1.216	4.800***	-0.817
	(0.889)	(2.634)	(-0.310)
Block	-0.197	-0.421	-1.400
	(-0.326)	(-0.507)	(-1.155)

续表

VARIABLES	Foreign M&A	Big 4	Cross-list
High Area	0.672**	0.618*	0.424
	(2.445)	(1.816)	(0.824)
Ln (Wage)	0.413***	0.069	0.565*
	(2.644)	(0.324)	(1.784)
Constant	-24.427***	-39.565***	-40.366***
	(-11.568)	(-11.472)	(-6.475)
Fixed Effects	Yes	Yes	Yes
Obs	2241	2003	1358
Pseudo R2	0.072	0.289	0.225

接着，我们考察了对国际四大会计师事务所的选择。通过构造虚拟变量 $Big4$，定义为如果企业在当年聘请国际四大会计师事务所作为审计师，则取值为1，否则为0。表3-7第二列的结果显示，$Returnee$ 的系数为正，且在1%的水平下显著，表明拥有海外经历高管的企业聘请国际四大会计师事务所作为审计师的概率更高。

最后，我们考察了企业海外上市的情况。通过构造虚拟变量 $Cross-list$，定义为如果企业在当年进行海外上市，则取值为1，否则为0。表3-7第三列的结果显示，$Returnee$ 的系数为正，且在5%的水平下显著，表明拥有海外经历高管的企业进行海外上市的概率更高。

总体而言，上述结果表明，雇佣海外经历高管或董事的企业会影响企业政策，从而可能促使企业采用强有力的企业管理实践并实现国际化。

第六节 扩展性检验

在本节中，我们进一步探讨海归高管的不同特征对企业海外客户产生影响的异质性。具体而言，我们从以下几个角度来进行考察：海外教育经历与海外工作经历、海外经历所处的国家文化特征、海外客户所在国是否与海外经历国家一致等。

一、海外教育经历与海外工作经历

在本节中,我们将重点讨论不同的海外经历是否会影响海归高管对企业海外客户的影响,具体而言,我们试图比较海外教育经历和海外工作经历可能产生的影响差异。与海外教育经历相比,在海外的工作经历有利于个人融入国外的商业环境。在海外企业工作时,个人能够有机会观察并经历不同的商业行为,且在与外国人进行沟通的过程中,能够与海外企业或客户建立关系,吸收更加多元化的工作经验(Dai 和 Liu,2009)。

根据海归高管的海外经历,我们分别构造了虚拟变量海外工作经历(*Returnee Work*)和海外教育经历(*Returnee Edu*),以区分不同的海外经历。然后,我们重新估计模型(3-1),根据前文的描述性统计,约有13%的样本企业至少有一名高管或董事具有海外工作经验,而约有19%的样本企业至少有一名高管或董事具有海外教育经历。表3-8报告了不同海外经历对企业海外客户的影响结果。

当我们仅考虑海外工作经历或海外教育经历时,我们发现高管或董事的不同海外经历对企业获得海外客户($\beta = 0.280$,$p < 0.05$;$\beta = 0.621$,$p < 0.01$)和提高海外销售(对于 OLS 模型,$\beta = 0.015$,$p < 0.05$;$\beta = 0.027$,$p < 0.01$;对于 Tobit 模型,$\beta = 0.042$,$p < 0.01$;$\beta = 0.082$,$p < 0.01$)均有显著的正向影响。而当我们在回归模型中同时包含海外工作经历和海外教育经历两个虚拟变量时,结果显示海外教育经历的影响有所下降($\beta = 0.214$,$p < 0.1$;$\beta = 0.012$,$p < 0.1$;$\beta = 0.033$,$p < 0.05$)。相对地,海外工作经历虚拟变量 *Returnee Work* 的系数仍然显著为正,且从系数大小来看,均大于海外教育经历虚拟变量的系数,这可能意味着高管或董事的海外工作经历对于企业获得海外客户或增加海外销售的影响更加显著,这与 Custodio 和 Metzger(2013,2014)的结论是一致的。

表 3-8　海外教育经历、海外工作经历与企业海外客户的影响

	Overseas Customer			Overseas Sales (%)			Overseas Sales (%)		
	Logit	Logit	Logit	OLS	OLS	OLS	Tobit	Tobit	Tobit
VARIABLES	Model (1)	Model (2)	Model (3)	Model (4)	Model (5)	Model (6)	Model (7)	Model (8)	Model (9)
Returnee Edu	0.280**		0.214*	0.015**		0.012*	0.042***		0.033**
	(2.359)		(1.778)	(2.267)		(1.723)	(2.819)		(2.137)
Returnee Work		0.621***	0.585***		0.027***	0.025***		0.082***	0.076***
		(4.277)	(3.997)		(3.401)	(3.029)		(4.639)	(4.207)
Size	-0.266***	-0.264***	-0.272***	-0.019***	-0.019***	-0.019***	-0.048***	-0.047***	-0.048***
	(-4.371)	(-4.356)	(-4.483)	(-6.244)	(-6.168)	(-6.301)	(-5.902)	(-5.780)	(-5.945)
Leverage	-0.265	-0.321	-0.327	-0.031**	-0.033**	-0.033**	-0.057	-0.064*	-0.064*
	(-0.913)	(-1.101)	(-1.117)	(-2.202)	(-2.332)	(-2.354)	(-1.576)	(-1.743)	(-1.763)
Slack	-1.451	-1.838*	-1.839*	-0.173***	-0.189***	-0.188***	-0.326**	-0.382***	-0.383***
	(-1.327)	(-1.662)	(-1.657)	(-3.655)	(-3.989)	(-3.960)	(-2.426)	(-2.826)	(-2.819)
Age	-0.003	-0.005	-0.005	-0.000	-0.000	-0.000	-0.001	-0.001	-0.001
	(-0.238)	(-0.422)	(-0.431)	(-0.581)	(-0.741)	(-0.720)	(-0.453)	(-0.662)	(-0.651)
ROA	-3.333***	-3.354***	-3.462***	-0.098**	-0.096**	-0.100**	-0.383***	-0.367***	-0.386***
	(-3.462)	(-3.430)	(-3.525)	(-2.049)	(-2.001)	(-2.076)	(-2.952)	(-2.815)	(-2.941)

续表

VARIABLES	Overseas Customer			Overseas Sales (%)			Overseas Sales (%)		
	Logit Model (1)	Logit Model (2)	Logit Model (3)	OLS Model (4)	OLS Model (5)	OLS Model (6)	Tobit Model (7)	Tobit Model (8)	Tobit Model (9)
AI	-2.925***	-2.579***	-2.641***	-0.212***	-0.196***	-0.199***	-0.591***	-0.532***	-0.546***
	(-3.191)	(-2.826)	(-2.909)	(-5.756)	(-5.368)	(-5.500)	(-4.840)	(-4.362)	(-4.539)
Block	0.145	0.141	0.170	0.017	0.016	0.018	0.027	0.022	0.027
	(0.423)	(0.410)	(0.491)	(1.006)	(0.984)	(1.087)	(0.636)	(0.524)	(0.635)
High Area	0.557***	0.585***	0.572***	0.006	0.007	0.007	0.056***	0.059***	0.057***
	(4.114)	(4.317)	(4.197)	(1.146)	(1.347)	(1.204)	(3.112)	(3.348)	(3.207)
Ln(Wage)	0.413***	0.376***	0.379***	0.009**	0.008*	0.008*	0.044***	0.038***	0.039***
	(4.635)	(4.179)	(4.200)	(2.138)	(1.749)	(1.764)	(3.861)	(3.302)	(3.375)
Constant	13.626***	13.961***	14.130***	0.780***	0.790***	0.798***	0.986***	1.019***	1.043***
	(9.062)	(9.281)	(9.410)	(14.213)	(14.333)	(14.458)	(6.663)	(6.953)	(7.103)
Fixed Effects	Yes	Yes	Yes	Yes	Yes	Yes	Yes	Yes	Yes
Obs	2255	2255	2255	2277	2277	2277	2277	2277	2277
Pseudo R2/R2	0.115	0.120	0.121	0.115	0.118	0.119	0.224	0.232	0.235

二、海外经历所在国家的文化特征

海归人才在接受海外教育或拥有工作经验的同时,可能也会受不同国家文化的影响。Shao 等(2013)发现个人主义文化(Hofstede,2001)与企业的长期投资和研发支出显著相关,与实物资产的关系较少,而建立海外市场以及维持客户关系对于企业而言通常是无形资产的重要组成部分(Bonacchi 等,2015;Cañibano 等,2000;Whitwell 等,2007),这需要企业进行长时间的维护和投资。因此,参考 Shao 等(2013),我们预期,相对于中国的个人主义文化程度而言,在个人主义文化程度更高的国家(如美国等)拥有海外经历的海归高管或董事会更加关注公司的长期投资,从而更有可能与企业客户之间建立并保持良好的关系,这将使得企业更有可能获得海外客户。

为了衡量个人主义文化程度的高低,我们构建了两个虚拟变量,*IDV Above* 和 *IDV Below*。其中,如果至少一个海归高管或董事所经历的国家的个人主义文化指数高于中国对应的个人主义文化指数,则 *IDV Above* 取值为 1,否则为 0。对应地,如果至少一个海归高管或董事所经历的国家的个人主义文化指数低于中国对应的个人主义文化指数,则 *IDV Below* 取值为 1,否则为 0。在我们的样本中,大约有 94% 的样本至少有 1 个海归高管或董事在比中国更具个人主义文化的国家中拥有过海外经历。

表 3-9 报告了海外经历所在国家的个人主义文化特征对企业海外客户和海外销售的影响结果。可以看到,所有 *IDV Above* 的系数均显著为正($\beta = 0.274$,$p < 0.01$;$\beta = 0.051$,$p < 0.05$;$\beta = 0.155$,$p < 0.01$),表明当企业雇佣了从拥有更高个人主义文化国家获得海外经历的高管或董事时,会对公司获得海外客户和增加海外销售产生更加显著的影响。

表3-9　海外教育经历、海外工作经历对企业海外客户的影响

VARIABLES	Overseas Customer	Overseas Sales (%)	Overseas Sales (%)
	Logit Model (1)	OLS Model (2)	Tobit Model (3)
IDV Above	0.274***	0.051**	0.155***
	(2.699)	(2.523)	(2.812)
IDV Below	-0.299	-0.063	-0.180
	(-0.932)	(-1.017)	(-1.011)
Size	-0.267***	-0.050***	-0.147***
	(-4.378)	(-4.431)	(-4.367)
Leverage	-0.279	-0.055	-0.139
	(-0.964)	(-0.978)	(-0.869)
Slack	-1.620	-0.300	-0.803
	(-1.472)	(-1.522)	(-1.367)
Age	-0.002	-0.000	-0.000
	(-0.129)	(-0.041)	(-0.055)
ROA	-3.410***	-0.603***	-1.820***
	(-3.515)	(-3.395)	(-3.382)
AI	-2.905***	-0.489***	-1.718***
	(-3.189)	(-3.222)	(-3.432)
Block	0.100	0.025	0.024
	(0.292)	(0.384)	(0.126)
High Area	0.569***	0.096***	0.333***
	(4.194)	(4.303)	(4.233)
Ln (Wage)	0.406***	0.075***	0.222***
	(4.556)	(4.578)	(4.652)
Constant	13.767***	1.158***	1.448**
	(8.834)	(5.247)	(2.239)
Fixed Effects	Yes	Yes	Yes
Obs	2255	2277	2277
Pseudo R2/R2	0.116	0.151	0.083

三、海外客户与高管海外经历国家的一致性

与其他国家相比,具有海外经历的高管或董事会对其所经历的国家有着更多的经验知识以及更强的社会网络关系,因此当他们进入自己熟悉的海外市场时,更有可能获得成功(Mitra 和 Golder,2002;Giannetti 等,2015)。

我们根据海外目标客户是否与海归经理或董事获得海外经历的国家一致(即同一国家和不同国家),将拥有海归的公司归为两类。在我们的样本中,大约有10%的样本至少有一位高管或董事在海外目标客户所在国获得海外经历。表3–10报告了回归结果①,可以发现,海外目标客户与海归经理或董事获得海外经历的国家一致的虚拟变量 *Same Country* 的系数均显著为正($\beta = 0.163$,$p < 0.01$;$\beta = 0.280$,$p < 0.01$),表明海归高管或董事更有可能在获得海外经历的国家帮助企业提高海外销售。

表3–10　海外客户与高管海外经历国家是否相同的影响差异

VARIABLES	*Overseas Sales* (%)	*Overseas Sales* (%)
	OLS Model (1)	*Tobit Model* (2)
Same Country	0.163***	0.280***
	(7.758)	(11.759)
Different Country	-0.006	-0.007
	(-1.187)	(-0.558)
Size	-0.018***	-0.044***
	(-6.040)	(-5.677)

---

① 由于多重共线性的原因,我们没有报告 Logit 回归结果。

续表

VARIABLES	Overseas Sales (%) OLS Model (1)	Overseas Sales (%) Tobit Model (2)
Leverage	-0.028**	-0.049
	(-2.003)	(-1.386)
Slack	-0.187***	-0.365***
	(-4.053)	(-2.793)
Age	-0.001	-0.001
	(-0.863)	(-0.706)
ROA	-0.082*	-0.333***
	(-1.748)	(-2.639)
AI	-0.194***	-0.530***
	(-5.348)	(-4.427)
Block	0.016	0.026
	(0.996)	(0.645)
High Area	0.005	0.050***
	(0.916)	(2.894)
Ln (Wage)	0.008*	0.038***
	(1.774)	(3.477)
Constant	0.769***	0.963***
	(14.719)	(6.874)
Fixed Effects	Yes	Yes
Obs	2277	2277
Pseudo R2/R2	0.187	0.291

四、海归高管的职位特征

我们考察了海归高管处于不同职位时对企业获得海外客户的影响差

异。在企业中的不同职位对应了不同的义务、目标和资源,并涉及在组织中不同层次的嵌入性。嵌入性通常是指"个人在人员,组织和机构网络中的位置,这些人员、组织和机构网络可以授予对属于该环境的资源的访问权限"(Wang,2015)。Wang(2015)认为,海归高管在企业组织中的嵌入情况对知识的转移将起到十分重要的作用。企业的管理层有更多的权力来制定企业的经营策略,因此在与海外客户建立关系时的障碍较少。而企业的董事通常扮演了监督者或咨询者的角色,而不用直接管理公司(Adams 和 Ferreira,2007;Baldenius 等,2014;Kim 等,2014;Schwartz-Ziv 和 Weisbach,2013),因此,董事海外经历的影响可能会低于执行高管。

基于上述推断,我们分别构造了两个虚拟变量 *Returnee Top*4 和 *Returnee Director*。其中,如果 CEO(或副 CEO)和董事长(或副董事长)具有海外经历,则变量 *Returnee Top*4 取值为 1,否则为 0。如果至少有一位董事具有海外经历,则变量 *Returnee Director* 取值为 1,否则为 0。在我们的样本中,大约有 13% 的样本中排名前 4 名的高管中至少有一位具有海外经历,而约 26% 的样本中至少有一位董事具有海外经历。表 3-11 报告了海归高管的不同职位对企业获得海外客户的影响结果。当我们仅考察 *Returnee Top*4 或 *Returnee Director* 的影响时,我们发现企业具有海外经历的高级管理人员(包括 CEO、副 CEO、董事长和副董事长)和董事都有利于企业获得海外客户($\beta = 0.389$, $p < 0.01$; $\beta = 0.234$, $p < 0.05$)和提高海外销售额($\beta = 0.030$, $p < 0.01$; $\beta = 0.012$, $p < 0.05$)。但当我们将两个虚拟变量同时放入回归模型后,海归董事虚拟变量的系数不再显著,而 *Returnee Top*4 的回归系数仍显著为正($\beta = 0.319$, $p < 0.05$; $\beta = 0.028$, $p < 0.01$; $\beta = 0.064$, $p < 0.01$),这可能表明当企业权力较高的管理层具有海外经历时,对企业海外客户以及海外销售的影响会更大。

表 3-11　海归高管的职位特征对企业海外客户的影响

	Overseas Customer			Overseas Sales (%)			Overseas Sales (%)		
	Logit	Logit	Logit	OLS	OLS	OLS	Tobit	Tobit	Tobit
VARIABLES	Model (1)	Model (2)	Model (3)	Model (4)	Model (5)	Model (6)	Model (7)	Model (8)	Model (9)
Returnee Top4	0.389***		0.319**	0.030***		0.028***	0.072***		0.064***
	(2.743)		(2.076)	(3.548)		(3.089)	(4.024)		(3.313)
Returnee Director		0.234**	0.138		0.012**	0.004		0.035**	0.015
		(2.151)	(1.165)		(2.120)	(0.684)		(2.547)	(1.007)
Size	-0.260***	-0.260***	-0.262***	-0.019***	-0.019***	-0.019***	-0.048***	-0.047***	-0.048***
	(-4.295)	(-4.263)	(-4.314)	(-6.173)	(-6.139)	(-6.188)	(-5.862)	(-5.731)	(-5.868)
Leverage	-0.278	-0.294	-0.298	-0.032**	-0.033**	-0.033**	-0.057	-0.062*	-0.060*
	(-0.955)	(-1.011)	(-1.021)	(-2.267)	(-2.331)	(-2.333)	(-1.580)	(-1.694)	(-1.646)
Slack	-1.625	-1.515	-1.647	-0.185***	-0.176***	-0.185***	-0.357***	-0.334**	-0.359***
	(-1.490)	(-1.386)	(-1.505)	(-3.931)	(-3.739)	(-3.938)	(-2.677)	(-2.490)	(-2.687)
Age	-0.003	-0.003	-0.003	-0.000	-0.000	-0.000	-0.001	-0.001	-0.001
	(-0.243)	(-0.216)	(-0.242)	(-0.605)	(-0.574)	(-0.597)	(-0.430)	(-0.438)	(-0.428)
ROA	-3.417***	-3.310***	-3.451***	-0.107**	-0.098**	-0.108**	-0.399***	-0.374***	-0.401***
	(-3.530)	(-3.432)	(-3.553)	(-2.206)	(-2.046)	(-2.219)	(-3.068)	(-2.885)	(-3.080)
AI	-2.793***	-2.924***	-2.833***	-0.201***	-0.212***	-0.202***	-0.566***	-0.583***	-0.569***
	(-3.078)	(-3.187)	(-3.115)	(-5.559)	(-5.734)	(-5.596)	(-4.754)	(-4.749)	(-4.780)

续表

VARIABLES	Overseas Customer			Overseas Sales (%)			Overseas Sales (%)		
	Logit	Logit	Logit	OLS	OLS	OLS	Tobit	Tobit	Tobit
	Model (1)	Model (2)	Model (3)	Model (4)	Model (5)	Model (6)	Model (7)	Model (8)	Model (9)
Block	0.152	0.103	0.141	0.018	0.014	0.018	0.029	0.021	0.028
	(0.444)	(0.302)	(0.412)	(1.118)	(0.870)	(1.101)	(0.685)	(0.486)	(0.659)
High Area	0.579***	0.559***	0.570***	0.007	0.006	0.007	0.059***	0.056***	0.058***
	(4.289)	(4.145)	(4.212)	(1.328)	(1.148)	(1.268)	(3.313)	(3.170)	(3.261)
Ln (Wage)	0.395***	0.407***	0.396***	0.008*	0.009**	0.008*	0.041***	0.043***	0.041***
	(4.434)	(4.571)	(4.427)	(1.827)	(2.084)	(1.826)	(3.582)	(3.726)	(3.571)
Constant	13.689***	13.604***	13.765***	0.789***	0.778***	0.791***	1.008***	0.978***	1.014***
	(8.622)	(8.762)	(9.011)	(14.453)	(14.133)	(14.429)	(6.848)	(6.553)	(6.862)
Fixed Effects	Yes	Yes	Yes	Yes	Yes	Yes	Yes	Yes	Yes
Obs	2255	2255	2255	2277	2277	2277	2277	2277	2277
Pseudo R2/R2	0.116	0.115	0.116	0.120	0.115	0.119	0.230	0.223	0.230

第七节 结 论

凭借海外经历积累的知识、经验和社会网络关系，海归高管有能力在中国企业和全球市场之间发挥桥梁作用。基于管理层和董事海外经历特征和公司主要客户信息这两个独特数据集，我们的研究表明，具有海外经历高管或董事的企业能够比没有海外经高管和董事的企业更好地发展与海外客户的关系，并拓展海外市场。在目前的研究中，我们进一步确定了三个潜在的影响机制——跨境并购、聘请国际四大会计师事务所作为审计师以及在海外上市。这些策略能够帮助企业在海外市场获得认可，以便获得海外客户。此外，我们还探索了能够更有效影响企业获得海外客户的海外经历特征。我们发现，具有海外工作经历的高管或董事对于公司获得海外客户和增加海外销售的影响要比那些仅接受海外教育的高管或董事的影响更加显著。而接受更多个人主义文化影响的海归高管更有可能帮助企业在国际市场上获得良好表现。此外，海归高管或董事更有可能在获得海外经历的国家帮助企业提高海外销售，而在管理层排名靠前的具有海外经历的高管对于扩大海外市场的影响力要显著高于海归董事。

我们的研究结果不仅为中国的实践者和政策制定者提供了一些重要的管理和政策经验，还对其他新兴经济体产生了影响。海归人才代表了先进知识、有价值的信息和网络的来源。因此，企业应当重视这些海归人才可能给企业带来的优势，并提供相应的激励政策吸引和留住海归人才。对于政策制定者来说，政府的政策应强调吸引和鼓励更多海归人才回国。此外，我们还探讨了海归高管或董事对海外市场影响的异质性，公司可以利用所有这些信息来选择"适合的"海归人才，增加他们在海外市场成功的机会。

第四章　高管团队海外经历与企业创新

第一节　问题的提出

党的十八届五中全会通过的"十三五"规划建议中，强调要着力推进供给侧结构性改革。供给侧改革的核心是强调通过改革促进创新、提高生产效率和提高产品市场竞争力的方式来促进经济增长。而从微观企业的角度，供给侧改革的重点则是要矫正企业资源的配置扭曲，调整企业的投资结构，促进企业研发创新。与此同时，国务院印发的《关于大力推进大众创业万众创新若干政策措施的意见》指出创新对于推动经济结构调整具有重要意义。当前我国经济发展进入"新常态"，经济增长必然要求转换新的增长动力，尤其应加快要素驱动向创新驱动的转变。

企业是我国创新体系的核心与主体，但就目前而言，我国企业的技术创新效率仍然有待提高。《2015中国企业家成长与发展专题调查报告》显示创新人才缺乏严重制约着企业创新，创新外部资金渠道比较单一，企业家对未来增加创新投入持有谨慎态度（中国企业家调查系统，2015）。埃森哲咨询公司的一份报告指出，"缺乏长期的战略规划和管理能力"以及"经验不足的领导团队"被认为是阻碍中国企业家国际竞争力的重要因素。因此，在当前国际人才与国家创新能力的激烈竞争中，中国正面临着巨大的挑战，而海归人才所具备的良好的教育和工作背景能够帮助中国应对这个新挑战。为了吸引海外人才归国，我国政府颁布了多项支持人才引进的政策（如旨在引进海外高层次人才的"千人计划"等），以期引进海外高层次人才回国效力。这类政策的颁布一方面加速了海外人才的回流，我国已开始从"智力流失期"向"智力回流期"过渡。另一方面，随着各项政策计划的出台和不断完善，企业能够雇佣到更多具有海外经历的高级人才，这类海归人才能够基于他们丰富的海外学习或工作经历以及国际视野，为企业的经营与发展带来潜在动力。因此，从高管团队海外经历的角度研究其是否能促进企业创新及其影响机制，既有重要的学术价值，又具有较高的现实意义。

从理论意义上说，本章从企业微观层面补充和完善了海归人才效应的研究结论。在关于海归人才影响的传统研究中，囿于微观数据的可获得性，大部分研究是从国家或省份等地区层面数据进行分析的，即使从公司层面进行研究也往往局限于某些行业或某种类型的公司。这些研究对于理解海归人才的影响作用有一定意义，但由于无法从更广泛的样本来进行比较，难以探究高管海外经历特征的异质性在不同类型的企业中发挥的作用机制，具有一定的片面性。另外，本章的研究拓宽了高管特征对企业决策影响的研究视野。从高管的个人特征或经历视角分析企业财务行为是近年来学术界的热点，如过度自信（Malmendier 和 Tate，2005；梁上坤，2015）、财务专长（Custodio 和 Metzger，2014）、服兵役经历（Benmelech 和 Frydman，2015）、是否有飞行执照（Cain 和 Mckeon，2016）、早年的灾难经历（Bernile 等，2017）、军队经历等（Benmelech 和 Frydman，2015；付超奇，2015；赖黎、巩亚林和马永强，2016）等。而在中国这样的新兴市场中，海外经历作为企业管理人员的一种重要生活经历同样也会影响管理人员的行为，如对人力资本或公司治理的重视，进而影响企业的创新决策，因此高层梯队理论有助于我们分析和理解高管海外经历所发挥的作用。

从现实意义来看，首先，本章促使企业关注企业管理层的人力资本特征。当前我国多数企业在发展过程中仍然过于依赖物资资本，通过从微观层面探讨高管团队海外经历对企业创新活动的影响机制与经济后果，凸显了人力资本在企业经营阶段的重要性。其次，为我国企业在雇佣海外人才策略方面提供参考意见，并为我国当前的人才引进政策提供佐证。我国政府从 20 世纪 90 年代末期就开始逐渐推出各项人才引进政策以吸引海外的优秀人才回国发展，力求吸引海外高层次人才以促进我国的自主创新能力建设，但这项"引智"政策能否为企业输送创新人才和提升自主创新效率仍然是需要实证检验的问题。最后，通过理解影响企业创新的因素和作用渠道，本章也能为目前供给侧改革提供政策建议。

本章选取中国沪深两市 2008~2016 年的所有 A 股上市公司为初选样本，并手工补充搜集了 2011 年以前的员工学历数据。选取企业专利申请量和研发支出作为企业创新产出和投入的代理变量，研究了高管团队的海外经历对企业创新活动的影响。结果发现，企业高管或董事的海外背景确实能有效促进企业的专利产出，并且在运用倾向得分匹配和 Heckman 两阶段检验控制自选择效应后，结论仍然成立。进一步地，我们探究了这种影响的作用机制，发现海归高管团队能通过提升企业的人力资本和改善公司治理环境两种渠道来对企业创新产生积极影响。并且，相对只具有海外工作背景的高管团队，那些具有海外求学背景的高管或董事对企业创新的促进作用更强；相对于具有海外背景的董事而言，具有海外经历的高管对公司创新的促进作用更显著；这种促进作用在长期仍然显著。通过一系列稳健性测试后，本章的结论依然稳健。

目前，与本章研究内容较为接近的文献有 Yuan 和 Wen（2017）、宋建波和文雯（2016）以及宋建波等（2017），其中 Yuan 和 Wen（2017）仅考察了高管海外经历对企业创新的影响，而宋建波与文雯（2016）仅考察了董事海外经历对创新的影响后果，这两篇文章虽然提出了海归特征可能影响企业创新的原因，但均未进行实证方面的详细考察，缺乏对影响机制的深入探讨和实证证据。而在宋建波等（2017）一文中研究了海归高管是否能促进企业的风险承担，在一定程度上为高管的海外经历对企业创新的影响提供了一条可能机制，但文中并未着重描述这一作用渠道。区别于上述文献对研究对象与作用机制的割裂，本章将企业的高管和董事这两类管理人员合并起来，考察高管团队的海外经历会如何影响企业的创新活动。另外，本章最大的创新点在于从人力资本（员工学历与人均工资）和公司治理（应计盈余管理和真实盈余管理）这两个维度出发，全面、深入地探索了海归特征促进企业创新的内在作用机制，为已有研究提供了有价值的增量贡献。

第二节 文献综述及研究假说

一、海归人才的影响作用

已有文献在讨论国家间的知识流动或溢出效应时，认为其主要通过国际贸易或外商直接投资来实现（Aitken 和 Harrison，1999；Coe 和 Helpman，1995；Wei 和 Liu，2006）。然而，随着全球化进程的不断发展，拥有专业技能的劳动者能够选择往来于不同国家，这种人才跨国流动为国际技术和知识的传递提供了一个新渠道（Liu，Lu，Filatotchev，Buck 和 Wright，2010；Filatotchey 等，2011），也引发了国内外学者对"智力回流"现象的广泛讨论。

所谓"智力回流"或称为"人才回流"，通常是指具有海外教育或工作经验的人员重新回到母国的现象。尽管本国人才的海外流失可能会使得国内最优秀的人才选择移民到发达国家，进而导致本国发展的成本上升（Bhagwati 和 Hamada，1974），但最近的研究表明，具备更多知识技能的人员在回国之后能够对本国的经济发展起到良好的推动作用（Mountford，1997；Beine 等，2008）。这是由于那些从贫穷国选择移民的熟练人力资本并不只是代表了消极的"人才流失"，他们可以在国外积累知识并将知识转移回国内，因此也可以被看作是积极的"人才储备"（Kerr，2008）。从历史经验来看，这种"智力回流"对于我国经济和商业的发展也确实起到了重要的推动作用（姬虹，2014；仇怡和聂萼辉，2015；Wang 等，2011；Wang 等，2014；Wang 等，2015）。

结合现有文献的分析（李平和许家云，2011a；陈怡安，2014），国际

"智力回流"对本国经济发展发挥作用的途径主要包括以下几个方面：

（1）人力资本效应。海归在国外通常接受过良好的海外教育或在海外企业中从事过相关工作，积累的学习或工作经验能够提升其国际视野和企业管理能力，从而在其回国之后能进一步促进母国人力资本的积累和提高（Dai 和 Liu，2009；Li 等，2012；刘青、张超、吕若思和卢进勇，2013）。Fu 等（forthcoming）从企业国际化经营的角度也发现海归高管能够直接为企业提供在国外投资的必备知识。

（2）网络效应。海归企业家能够更容易吸引到国外风险投资以缓解企业的资金问题（Li 和 Xia，2014）。同时，海归还能利用自身的社会关系帮助企业与国际企业或机构进行合作，促进企业的国际化发展（罗思平和于永达，2012）。海归的国外经历会促使其形成独特的社会网络关系，这些社会资本最终能够帮助海归获得更多的信息资源优势。

（3）竞争效应。海归由于积累了较高的人力资本，相对于非海归人员而言具有更专业的知识技能优势，因而会在一定程度上"挤出"国内人员的就业机会，这将激励国内人员迫于竞争压力而主动提升自身的人力资本水平，最终这种竞争效应将提高国内整体的人力资本水平（Mountford，1997）；

（4）溢出效应。一方面，海归通过与他人或企业的交流合作能够分享自身拥有的知识技能，这种知识的转移可以缩小海归与非海归人员或企业间的差距，促进行业整体在技术水平上的提高。另一方面，拥有良好业绩的海归企业能够起到示范作用，非海归企业会对其进行模仿和学习，进而也能够提升自身的技术水平（李平和许家云，2011a，2011b；罗思平和于永达，2012；Liu, Lu, Filatotchev, Buck 和 Wright，2010；Filatotchey 等，2011）。

从企业层面的微观视角来看，我们也发现近年来有文献从多个维度开始探讨海归人才在企业中所发挥的优势作用。具有海外经历的高管或董事由于接受了先进的教育或培训，对其个人能力的提升有积极作用。首先，个人的过往海外经历有助于所在企业管理层建立更广泛的业务网络和制定更有利于企业发展的决策（Shane 和 Khurana，2003；Wright 等，1997；Filatotchev 等，2009）；其次，具有海外经历的高管或董事还能够改善企业的治理水平（Giannetti 等，2015）、提升企业的投资效率（Dai 等，forthcoming）、增加企业社会责任的投入（Zhang 等，forthcoming；文雯和宋建波，2017）并提升企业的风险承担水平（宋建波等，2017）。再次，基于北京中关村科技园的高新技术企业数据，学者们发现相对于本地企业，海归企业能够利用其人力资本在挖掘商业机会和发展上获取竞争优势从而实现更好的经营业绩（Dai 和 Liu，2009；Liu 和 Almor，2016）、海归企业家以及具有海外教育经历的员工均能对其他本地企业产生知识溢出效应（Todo 等，2009；Filatotchev 等，2011）、能够积极影响企业的创新行为（Liu, Wright, Filatotchev, Dai 和 Lu，2010；Liu, Lu, Filatotchev, Buck 和 Wright，2010；Yuan 和 Wen，2017；宋建波和文雯，2016），为企业提供投资国际市场所需的知识（Fu 等，forthcoming）。总体而言，微观数据的结论也基本表明海归人才对企业发展具有积极影响。

二、企业创新的影响因素

科技创新对一国的经济增长（Solow，1957；Romer，1986）以及企业的长期竞争优势（Porter，1992）均有巨大推动作用。Rosenberg（2004）认为，一国经济增长的85%都可以归功于技术创新。正是由于技术创新所扮演的重要角色，越来越多的学者们开始从微观企业、中观市场以及宏观国家特征层面开始探讨在过去几十年间影响企业创新的重要决定因素。微观企业层面主要从公司内部 CEO、雇员、股东、董事等多方面个人特征，以及金融市场中介（如金融分析师、机构投资者以及对冲基金等）和风险资本等公司外部结构特征展开（Galasso 和 Simcoe.，2011；Sunder 等，2017；Balsmeier 等，2017；Chemmanur 和 Tian.，2017；He 和 Tian.，2013；Tian 和 Wang；2014；Brav 等，2017；孔东民等，2017；杨道广等，2017；张学勇和张叶青，2016）。中观市场层面主要研究企业在不同市场环境下的创新激励，以及其研发产出最终在产品市场上的竞争优势（Aghion 等，2005；Nanda 和 Rhodes-Kropf.，2013；Chava 等，2013；Atanassov 和 Liu.，2016；Mukherjee 等，2017）。宏观国家层面主要涉及股东保护、产权、劳动保护、破产以及内幕交易的法律法规的颁布和更改，一国的金融发展、金融自由化、会计规则和国际贸易，以及国家的政策不确定性、政府补贴、经济增长、社会文化等因素对企业创新的影响（Lerner，2009；Williams，2013；Fang 等，2017；Acharya 等，2014；Bradley 等，2017；Levine 等，2016；Tan 等，2016；Bhattarcharya 等，2017；Gao 和 Zhang.，2017；倪骁然和朱玉杰；2016）。

同时，现有文献发现，高管的个人特征或经历对于公司的创新活动也发挥着重要的影响作用。年龄较大的高管由于更倾向于风险规避，因此他们往往不愿意采取创新决策，而那些拥有高学历、具备自然科学知识背景的 CEO 均会促进所在公司进行 R&D 投资（Barker 和 Mueller，2002）。Galasso 和 Simcoe（2011）研究了管理层的过度自信如何影响公司创新，并发现过度自信的 CEO 所在公司具有更高的被引专利件数，且这种效应在高度竞争的行业中更为显著。Hirshleifer 等（2012）同样发现有过度自信 CEO 的公司有更高的收益波动、更多的 R&D 支出项目以及更多的专利数目和引用量，因此展现出更高的创新生产力。与前者不同的是，他们发现过度自信的 CEO 促进企业创新仅仅存在于创新型行业。Sunder 等（2017）研究 CEO 的个性特征对创新的影响，发现那些有飞行证书的 CEO，公司的创新性和原创性会更高，因为飞行员 CEO 可能更具有好奇心、创新力，乐于接受新思想并拥有追求创新的内在动力。除了个人属性，CEO 的技能包也有助于公司创新，Custodio 等（2015）发现，通才型的 CEO 由于杰出的能力更容易在劳动力市场上谋取新职业，他们对高风险创新的失败容忍度更高，因此通才型的 CEO 能够有助于推动公司创新，并且他们会更多从事于探索性的创新活动。Faleye 等（2014）研究发现具有更好社会关系的 CEO 会参与更多的创新活动并产生更多和更高质量的专利，作者提出了两种渠道：CEO 个人网络关系提高其在劳动力市场上的风险承担以及通过私人网络获取创新相关信息。由于创新是长期的，难以预测的且风险非常高的企业活动，González – Uribe 和 Xu（2015）使用 1994～2008 年间 571 个 CEO 样本研究同样发现，那些有着更长合同的 CEO 会倾向于追求影响更深远和更多样化的创新，且这一结论并不会因薪酬结构而改变。

三、研究假说

综合上述文献，我们发现管理层的个人特征或经历确实会对企业的创新行为产生影响。作为一种在我国企业中较为常见且十分重要的管理层特征，高管团队的海外经历如何对企业技术创新产生影响也是亟须探讨的问题。

企业要提升自主创新能力，首先需要企业在研发方面持续地进行投入。然而，与西方国家企业相比，我国企业面临着研发投入强度较低的问题（解维敏和方红星，2011）。一方面，基于高层梯队理论（Hambrick 和 Mason，1984），高管团队作为企业的重要决策者，其个人特征和认知模式会影响其行为选择，并进一步影响企业的战略决策。海归人才在先进的发达国家接受的良好教育或积累的工作经验能够使其在技术知识和国际化视野等方面具有相对优势，这种优势使得他们在回国之后能进一步促进母国人力资本的积累和提高。Liu 等（2010）、Filatotchev 等（2011）、李平和许家云（2011）考察了留学人员在高新技术行业的技术溢出效应，证实留学人员技术溢出效应的存在。刘青、张超、吕若思和卢进勇（2013）基于中国民营企业主的调查数据发现，海归为自身的发展有过较多的人力资本投资，因此也会更重视员工培训的重要性和价值。而具有高知识储备的创新人才的积累是促进企业发展和创新的不竭动力。因此，由于海归高管团队更加注重对人力资本的投资，从而可以提高企业员工的教育水平与研发人员占比，这实际上为企业进行研发投入提供了必备条件。另一方面，企业进行研发投入的收益从长期来看具有不确定性，在委托代理问题严重的情况下，企业管理层可能处于自利动机而更倾向于选择短期投资行为，从而追逐企业的短期利润。而具有海外经历的高管团队能够帮助企业建立现代化的企业管理制度，提高企业的治理水平，进而减少出于管理层自利动机的短视行为。Giannetti 等（2015）发现当董事具有较强法律制度的海外国家经历时,能够更有效地抑制企业的盈余管理行为。因此,高管团队的海外经历可能会帮助其更加重视股东利益,从而提高企业的公司治理水平,为企业进行周期长、风险大的研发创新活动提供制度保障。

综上,基于人力资本效应和公司治理效应的存在,我们预期具有海外经历的高管或董事能够改善企业智力资本配置,提高公司治理水平,从而促进企业创新活动。据此,我们提出本章的假说1:

H1:在其他条件不变的情况下,高管团队的海外经历能够有效促进企业创新。

第三节 研究设计

一、样本与数据来源

本章选取中国沪深两市 2008～2016 年的所有 A 股上市公司为初选样本,其中,本章的关键变量高管团队海外经历数据和专利申请数据均来源于国泰安经济金融数据库(CSMAR),上市公司财务和治理数据源自国泰安经济金融数据库(CSMAR)和万德数据库(Wind),并手工补充搜集了2011 年以前的员工学历数据。行业分类依据中国证监会 2001 年颁布的《上市公司行业分类指引》,其中制造业由于数量众多且内部差异较大,取前两位代码分类,其他行业取第一位代码分类。对样本进行如下处理:(1)由于会计核算体系和资产结构上存在其特殊性,我们剔除了金融类的公司;(2)剔除相关数据缺失的样本公司;(3)为消除极端值对研究结论的影响,我们对主要连续变量进行了上下 1% 的缩尾处理。最终得到了7015 个公司年度观测值。

二、变量定义

1. 企业海归特征

对于企业高管团队海外经历变量,参考 Giannetti 等(2015),我们主

要构造虚拟变量 *Oversea* 以及海归高管比例 *Oversea ratio*，前者定义为若企业当年高管团队中至少有一个高管或董事拥有海外经历则取值为 1，否则为 0；而后者定义为企业当年高管团队中具有海外经历人数占比。此外，为了进一步分析企业海归的特征，我们将高管团队的海外背景具体细分为海外工作和海外学习，若企业高管或董事曾在中国大陆以外的国家和地区工作，则认定其具有海外工作经历；若企业高管或董事曾在境外获得本科、硕士或博士学位，或曾接受培训和担任访问学者等，则认定其具有海外学习经历。同理，*Oversea work* 以及 *Oversea work ratio* 分别代表了企业当年高管团队中拥有海外工作经历的虚拟变量和人数占比；*Oversea education* 和 *Oversea education ratio* 分别代表了企业当年高管团队中拥有海外学习经历的虚拟变量和人数占比。另外，我们进一步区分高管团队中高管与董事的海归经历，将 *Oversea executives* 和 *Oversea executives ratio* 分别定义为企业当年高管团队中具有海外经历的高管虚拟变量和人数占比；而将 *Oversea directors* 和 *Oversea directors ratio* 分别定义为企业当年高管团队中具有海外经历的董事虚拟变量和人数占比。

2. 企业创新数据

由于与研发投入数据相比，企业申请的专利数据相对客观，能更加真实地反映企业当前的创新产出水平，且专利申请年份比专利授予年份更能反映出企业的真实创新时间。此外，中国的国家专利数据库由于缺乏对专利引用次数的信息，故我们只能通过专利的独创性来衡量专利的质量。根据《中华人民共和国专利法》规定，我国专利包括发明专利、实用新型专利和外观设计专利三类，其中发明专利在三类专利中最具独创性，故综上所述，本章采用专利申请总量 *Patent* 和发明专利申请总量 *Invention Patent* 作为创新产出的代理变量，为了解决样本偏度问题，*Ln*（*Patent*）和 *Ln*（*Invention Patent*）分别为上述两个指标加 1 后进行自然对数化处理后的结果。另外，由于现有研究大多把 R&D 投入看作是重要的研发投入，故在本章的稳健性检验中，本章仍将研发支出占营业总收入比值 *R&D/Sales* 作为创新投入的度量指标，以更全面地从创新产出和创新投入两个视角来实证考察企业的创新水平。

3. 控制变量

参考以往的文献（He 和 Tian，2013；Chemmanur 等，2014；袁建国等，2015；Yuan 和 Wen，2018），我们在回归模型中选取了以下影响企业创新的因素作为控制变量：*Size* 是公司总资产的自然对数值；*Sales growth* 是公司营业收入的年增长率；*ROA* 和 *Tobin's Q* 衡量了公司的盈利能力；*Asset turnover* 是公司的总资产周转率；*PPE* 为公司的固定资产占比；*Cash ratio* 度量了公司现金持有水平，定义为公司持有货币资金除以总资产；*Leverage* 是公司的资产负债率；*SOE* 为企业产权性质的虚拟变量，若为国有企业则取值为 1，否则为 0；*HHI* 是以企业销售收入计算的赫芬达尔指数。在公司治理方面，我们控制了管理层持股比例 *Managerial ownership* 与机构持股比例 *Institutional ownership*。最后，我们在模型中引入行业和年度的虚拟变量来控制时间和行业固定效应，并进行了公司层面的聚类（Cluster）标准误修正。所有主要变量的具体定义参见表 4-1。

表 4-1　　　　　　　　　　变量定义

变量名	变量定义
Patent	专利申请总量
Ln（*Patent*）	专利申请总量加 1 的自然对数
Invention Patent	发明专利申请总量
Ln（*Invention Patent*）	发明专利申请总量加 1 的自然对数
R&D/Sales	研发支出占营业总收入比值
Oversea	虚拟变量，若企业当年高管团队中至少有一个高管或董事拥有海外经历则取值为 1，否则为 0
Oversea ratio	企业当年高管团队中具有海外经历人数占比
Oversea work	虚拟变量，若企业当年高管团队中至少有一个高管或董事拥有海外工作经历则取值为 1，否则为 0
Oversea education	虚拟变量，若企业当年高管团队中至少有一个高管或董事拥有海外学习经历则取值为 1，否则为 0

续表

变量名	变量定义
Oversea work ratio	企业当年高管团队中具有海外工作经历人数占比
Oversea education ratio	企业当年高管团队中具有海外学习经历人数占比
Oversea executives	虚拟变量，若企业当年高管团队中至少有一个高管拥有海外经历则取值为1，否则为0
Oversea executives ratio	企业当年高管团队中具有海外经历的高管人数占比
Oversea directors	虚拟变量，若企业当年高管团队中至少有一个董事拥有海外经历则取值为1，否则为0
Oversea directors ratio	企业当年高管团队中具有海外经历的董事人数占比
Size	公司总资产的自然对数
Sales growth	（营业总收入－上年营业总收入）/上年营业总收入
ROA	总资产收益率
Tobin's Q	所有者权益和负债的市场价值与公司账面总资产的比值
Asset turnover	总资产周转率，营业总收入/总资产
PPE	固定资产占比
Cash ratio	公司现金持有水平
Leverage	资产负债率，总负债/总资产
Managerial ownership	管理层持股比例
Institutional ownership	机构持股比例
SOE	所有权性质，若为国有企业则取值为1，否则为0
HHI	以企业销售收入计算的赫芬达尔指数
Largest	第一大股东持股比例
Ln（Boardsize）	董事会总人数的自然对数
Independent ratio	独立董事人数占董事会总人数比值
British	若清朝末年时期，英国在某省份建立了殖民地或租借地，则对总部位于该省份的样本企业取值为1，否则为0
Master（%）	具有研究生及以上学历员工除以员工人数总和
Employee Salary	员工人均工资
REM	真实盈余管理，根据 Roychowdhury（2006）和 Zang（2012）模型估计所得
DA	盈余管理，根据 Dechow 等（1995）采用修正 Jones 模型估计所得

三、模型设定

为检验本章的假说1，考察我国企业高管团队的海外经历是否会影响到企业的创新行为，我们将企业的专利申请量作为被解释变量，把企业高管团队的海归特征作为解释变量，同时控制可能会对企业创新行为造成影响的其他变量。考虑到对于一个研发项目，专利的申请会滞后于相应的研发决策和资源投入，因此本章使用领先一期的专利申请量作为因变量进行估计，并构建以下模型进行回归。

$$Innovation_{i,t+1} = \beta_0 + \beta_1 Oversea_{i,t} + \beta_n Controls_{i,t} + \sum Yeardummy + \sum Industrydummy + \varepsilon_{i,t} \quad (4-1)$$

其中，i代表企业个体，t代表年度标识，$Innovation$代表公司的创新活动，定义为企业发明专利、外观设计专利以及实用新型专利的申请总量加1的自然对数。$Oversea$是企业海归特征的相关变量，在主回归中，我们用两种方式衡量企业高管团队的海外背景：（1）虚拟变量$Oversea$，若企业当年高管团队中至少有一个高管或董事拥有海外经历则取值为1，否则为0；（2）海归高管比例$Oversea\ ratio$，企业当年高管团队中具有海外经历人数占比。$Controls$为一系列控制变量，$\sum Yeardummy$与$\sum Industrydummy$分别为年度和行业的虚拟变量，详细定义可参见附表1。针对假说1，若企业高管团队的海外经历确实能促进所在企业的创新活动，则我们预期$Oversea$的系数β_1显著为正。

第四节 实证检验与分析

一、描述性统计

表4-2报告了主要变量的描述性统计结果，所有连续变量均在上下1%的水平上进行了Winsorize处理。从表4-2我们发现，专利申请总量的

平均值为 37.121，而其中最小值为 0，最大值为 7400，标准差为 210.185，这表明不同企业的专利申请数量存在着巨大差异。在所有公司－年度样本中，有 35% 的观测值具有海归特征，即聘用了具有海外背景的高管和董事。而企业当年高管团队中具有海外经历人数占比最少为 0，最高有 58.8%，表明不同企业在引进海外高管和董事的人才政策上存在较大差异。

表 4-2　　　　　　　　　描述性统计

Variable	N	Mean	Std	Min	Median	Max
$Patent_{t+1}$	7015	37.121	210.185	0.000	6.000	7400.000
$Oversea_t$	7015	0.350	0.477	0.000	0.000	1.000
$Oversea\ ratio_t$	7015	0.032	0.058	0.000	0.000	0.588
$Size_t$	7015	21.741	1.133	19.199	21.631	25.141
$Sales\ growth_t$	7015	0.184	0.465	-0.586	0.111	3.231
ROA_t	7015	0.040	0.057	-0.205	0.037	0.204
$Tobin's\ Q_t$	7015	2.479	2.410	0.241	1.773	15.714
$Asset\ turnover_t$	7015	0.668	0.458	0.069	0.562	2.642
PPE_t	7015	0.240	0.161	0.002	0.214	0.698
$Cash\ ratio_t$	7015	0.172	0.136	0.008	0.132	0.710
$Leverage_t$	7015	0.439	0.214	0.044	0.433	0.957
$Managerial\ ownership_t$	7015	0.061	0.130	0.000	0.000	0.617
$Institutional\ ownership_t$	7015	36.035	23.474	0.000	35.055	85.363
SOE_t	7015	0.372	0.483	0.000	0.000	1.000
HHI_t	7015	0.058	0.095	0.009	0.016	0.459

二、回归结果分析

表 4-3 报告了高管团队海外经历与企业创新的实证结果，其中因变量均为未来一期的专利申请总量，Reg-1 和 Reg-2 是基于自变量为企业海归特征虚拟变量的回归模型，Reg-3 和 Reg-4 是基于自变量为海归高管比例的回归模型。不论是单变量回归还是多变量回归结果均显示，高管团队海外经历的估计系数均显著为正，表明拥有海归高管和董事的企业确实

具有更高的创新活动,这支持了我们的假说1。

从控制变量的结果来看,也基本与现实情况相符。更大规模的公司(Size)与盈利能力更强的公司(ROA)由于具有规模经济、融资渠道和更多的资源,通常会具有更强的创新能力(李文贵和余明桂,2015)。更低的负债水平(Leverage)的企业通常有更高的创新产出(He 和 Tian,2013)。销售收入增长率(Sales growth)与企业创新负相关,而总资产周转率(Asset turnover)与企业创新正相关(宋建波和文雯,2016)。在公司治理层面,管理层持股比例(Managerial ownership)与机构持股比例(Institutional ownership)的系数均显著为正,代表机构投资者与管理层持股的份额越大,越有利于企业的技术创新,这与 Aghion 等(2013)、Yuan 和 Wen(2018)、宋建波与文雯(2016)的结果是一致的。

表4–3　　　　　　　　高管团队海外经历与企业创新

VARIABLES	$Ln(Patent_{t+1})$			
	(1)	(2)	(3)	(4)
$Oversea_t$	0.353***	0.201***		
	(5.214)	(3.465)		
$Oversea\ ratio_t$			2.701***	1.598**
			(3.558)	(2.544)
$Size_t$		0.404***		0.404***
		(8.445)		(8.401)
$Sales\ growth_t$		-0.068*		-0.066*
		(-1.842)		(-1.805)
ROA_t		2.794***		2.827***
		(5.271)		(5.306)
$Tobin's\ Q_t$		-0.036**		-0.037**
		(-2.566)		(-2.571)
$Asset\ turnover_t$		0.212***		0.213***
		(2.768)		(2.794)
PPE_t		-0.830***		-0.845***
		(-3.300)		(-3.332)

续表

VARIABLES	Ln(Patent$_{t+1}$)			
	(1)	(2)	(3)	(4)
Cash ratio$_t$		-0.198		-0.198
		(-0.951)		(-0.951)
Leverage$_t$		-0.298*		-0.295*
		(-1.768)		(-1.743)
Managerial ownership$_t$		0.648***		0.649***
		(2.596)		(2.594)
Institutional ownership$_t$		0.003***		0.003***
		(2.756)		(2.708)
SOE$_t$		-0.148**		-0.143**
		(-2.035)		(-2.003)
HHI$_t$		0.345		0.352
		(0.466)		(0.473)
Intercept	0.464**	-7.842***	0.486***	-7.833***
	(2.531)	(-7.541)	(2.673)	(-7.497)
Year FE	Yes	Yes	Yes	Yes
Industry FE	Yes	Yes	Yes	Yes
Obs	7015	7015	7015	7015
Adj. R2	0.352	0.448	0.351	0.448

注：表中括号内为 t 值，标准误经过公司层面 Cluster 调整，***、**、* 分别代表 1%、5% 和 10% 的水平下显著。

虽然表 4-3 的结果能为高管团队海外经历促进企业创新提供一定的证据，但由于存在潜在的内生性问题，一方面，那些创新产出更高的企业可能会更多地去雇佣具有海外背景的高管和董事，这样内生地影响了企业的聘用决策，会使模型的估计结果产生一定偏误。另一方面，具有海外经历的高管或董事可能具有一些不可观测的特征（如先天能力）导致企业进行更有效的创新决策。因此，本章使用以下两种方法来缓解内生性对上述结论的影响。

1. 倾向得分匹配法

倾向得分匹配法（PSM）的基本思想是，比较同一家企业在"雇佣海归高管团队"或"未雇佣海归高管团队"两种状态下的创新产出差异。但由于这两种互斥状态无法在同一时点上被观测到,针对这样"反事实"的情况,PSM 提出一种精妙的解决思路:找到与那些雇佣了具有海外经历的高管团队的公司主要特征尽可能"相仿"的未雇佣海归高管团队公司,使得经过匹配后的这两类企业样本仅在是否雇佣海归高管团队这一个方面不同,而在其他方面都非常接近,用对照组来最大程度地模拟实验组的"反事实"情况,然而通过对比这两者的创新产出差异来检验高管团队的海外经历与企业创新之间的因果关系。对于每一个具有海归高管或董事的实验组企业样本,我们都通过 PSM 方法为其匹配一个未雇佣海归高管团队的控制组样本,具体步骤如下:

(1) 选择公司特征变量,估计 Logit 模型。其中,本章选取的作为计算倾向得分的公司特征变量包括公司上一年度的总资产规模的自然对数($Size$)、资产负债率($Leverage$)、托宾 Q($TobinQ$)、总资产收益率(ROA)、企业所有权性质(SOE)、第一大股东持股比例($Largest$)、董事会总人数的自然对数($Ln\ (Boardsize)$)以及独立董事人数占董事会总人数比例($Independent\ ratio$)。

(2) 基于 Logit 模型的估计系数,对每一个观测样本计算其倾向性得分,该分值体现了每一家企业可能雇佣具有海外经历高管团队的概率大小。

(3) 利用最邻近匹配法(Nearest - Neighbor Matching)对实验组和控制组中的上市公司进行无放回的一对一匹配。本章将全部企业根据当年是否雇佣了具有海外经历的高管团队区分为实验组($Oversea = 1$)和控制组($Oversea = 0$),对每一家实验组企业,均选当年同行业的控制组中倾向性得分值最接近的公司作为配对样本。

表 4-4 是经过 PSM 后的样本检验和回归结果。其中,Panel A 对配对结果分别进行了参数均值 T 检验,发现经过配对后,实验组企业与控制组企业在可观测特征上不存在显著的差异,这表明本章对匹配变量和匹配方法的选取是比较有效的。而在 Panel B 中,不论是基于企业海归特征的虚

拟变量回归,还是基于海归高管团队比例的回归,系数均是显著为正的,进一步验证了聘用海归高管团队的公司比未聘用海归高管团队的公司具有更高的创新能力。

表 4 – 4   PSM 回归结果

Panel A: PSM 配对检验

	Mean		P – value
	Treat (Oversea = 1)	Control (Oversea = 0)	
$Size_{t-1}$	21.680	21.688	0.813
$Leverage_{t-1}$	0.410	0.408	0.857
$TobinQ_{t-1}$	2.358	2.396	0.652
ROA_{t-1}	0.049	0.049	0.556
SOE_{t-1}	0.298	0.297	0.947
$Largest_{t-1}$	0.357	0.356	0.992
$Ln(Boardsize_{t-1})$	2.166	2.164	0.678
$Independent\ ratio_{t-1}$	0.370	0.370	0.988

Panel B: PSM 配对后回归结果

	$Ln(Patent_{t+1})$	
VARIABLES	(1)	(2)
$Oversea_t$	0.151**	
	(2.396)	
$Oversea\ ratio_t$		1.107*
		(1.737)
$Size_t$	0.420***	0.418***
	(7.967)	(7.886)
$Sales\ growth_t$	-0.029	-0.028
	(-0.592)	(-0.561)
ROA_t	2.905***	2.925***
	(4.493)	(4.496)
$Tobin's\ Q_t$	-0.029*	-0.030*
	(-1.737)	(-1.773)

续表

VARIABLES	Ln($Patent_{t+1}$)	
	(1)	(2)
Asset turnover$_t$	0.235***	0.235***
	(2.654)	(2.669)
PPE$_t$	-0.999***	-1.019***
	(-3.306)	(-3.355)
Cash ratio$_t$	-0.156	-0.159
	(-0.641)	(-0.654)
Leverage$_t$	-0.282	-0.271
	(-1.371)	(-1.315)
Managerial ownership$_t$	0.636**	0.636**
	(2.223)	(2.215)
Institutional ownership$_t$	0.004***	0.004***
	(2.846)	(2.784)
SOE$_t$	-0.140	-0.127
	(-1.629)	(-1.495)
HHI$_t$	-0.263	-0.233
	(-0.313)	(-0.276)
Intercept	-8.504***	-8.409***
	(-7.328)	(-7.223)
Year FE	Yes	Yes
Industry FE	Yes	Yes
Obs	4332	4332
Adj. R2	0.424	0.424

注：表中括号内为 t 值，标准误差经过公司层面 Cluster 调整，***，**，* 分别代表 1%、5% 和 10% 的水平下显著。

2. Heckman 两阶段检验

由于创新能力较强的公司可能更容易吸引到具有海外背景的高管和董事，同时，当公司创新能力较强时，可能会使得公司业绩相对较好，从而也存在着主动选择聘用更具人力资本的海归高管团队的可能，因此我们进一步使用了 Heckman 两阶段模型来控制潜在的自选择问题对实证结果的影响。在 Heckman 模型的第一阶段我们探究影响企业雇佣海归高管团队的因素，通过 Probit 模型计算出一家企业可能雇佣具有海外经历高管或董事的概率，即逆米尔斯比率（Inverse Mills Ratio, IMR），然后将其作为控制变量加入模型（4-1）中，进行 Heckman 第二阶段的回归。

在第一阶段回归中，我们需要寻找与高管团队海外经历关系密切且独立于企业创新行为的变量来用工具变量法进行估计。对于工具变量的选择需要满足以下两个条件：首先，该工具变量本身是外生的；其次，该工具变量与内生变量之间需要存在较强的相关性。遵循这两个原则，我们在回归中选用了以下两个工具变量：（1）借鉴 Ang 等（2014）、代昀昊和孔东民（2017）的研究，我们定义虚拟变量 *British* 作为企业海归特征的工具变量，若清朝末年时期，英国在某省份建立了殖民地或租界地，则对总部位于该省份的样本企业取值为 1，否则为 0。根据 Yang 和 Ye（1993）的研究，下列地区曾在晚清时期由英国建立了殖民地或租界，包括福建厦门、湖北汉口、江西九江、江苏镇江、广东广州、山东威海卫、天津和上海。故这些地区所在的省份或直辖市对应的 *British* 变量取值为 1，否则为 0。（2）当年企业高管团队中具有海外经历人数占比的行业均值 *Industry Oversea ratio*。

本章选取以上两个变量作为 Heckman 模型的外生工具变量出于以下原因：（1）由于较早受到西方文化的影响，这些地区更容易凭借其偏西方的价值氛围，成为海归人才的生活与工作地的选择，从而使得这些地区的企业更有可能雇佣到海归。另外，由于所选外生变量的数据信息早于我们研究样本约 100 年，因此并不会直接影响到企业当前的创新行为。（2）企业为了取得竞争优势，在进行人才引进决策时可能会考虑同一行业其他公司的海归高管雇佣情况，然而竞争对手的海归雇佣比例并不会直接影响到本公司的企业创新产出。

表 4-5 的第一列是 Heckman 第一阶段的回归结果，可以发现外生工具变量 *British* 和 *Industry Oversea ratio* 的回归系数均显著为正，这与我们的

预期是一致的。表 4-5 的第二、三列是 Heckman 第二阶段的回归结果，表明在控制了自选择效应后，高管团队的海外经历仍然显著促进了企业的创新活动，这进一步支持了本章的假说 1。

表 4-5　　　　　　　　　　Heckman 两阶段回归结果

VARIABLES	First stage $Oversea_t = 1$	Second Stage $Ln(Patent_{t+1})$	
$Oversea_t$		0.199***	
		(3.420)	
$Oversea\ ratio_t$			1.583**
			(2.497)
$British_t$	0.164**		
	(2.410)		
$Industry\ Oversea\ ratio_t$	21.115***		
	(5.453)		
$Size_t$	0.217***	0.390***	0.392***
	(5.300)	(6.340)	(6.359)
$Sales\ growth_t$	-0.030	-0.065*	-0.064*
	(-0.803)	(-1.712)	(-1.689)
ROA_t	0.340	2.777***	2.812***
	(0.610)	(5.238)	(5.269)
$Tobin's\ Q_t$	0.042***	-0.039**	-0.039**
	(3.015)	(-2.490)	(-2.478)
$Asset\ turnover_t$	0.106	0.204**	0.205**
	(1.415)	(2.555)	(2.598)
PPE_t	-0.032	-0.824***	-0.841***
	(-0.128)	(-3.269)	(-3.307)
$Cash\ ratio_t$	0.700***	-0.246	-0.238
	(2.892)	(-1.033)	(-1.005)
$Leverage_t$	-0.023	-0.294*	-0.291*
	(-0.116)	(-1.731)	(-1.711)
$Managerial\ ownership_t$	-0.167	0.656***	0.656***
	(-0.690)	(2.622)	(2.613)

续表

VARIABLES	First stage $Oversea_t = 1$	Second Stage $Ln(Patent_{t+1})$	
$Institutional\ ownership_t$	0.002	0.003**	0.003**
	(1.359)	(2.502)	(2.483)
SOE_t	-0.386***	-0.120	-0.120
	(-4.957)	(-1.243)	(-1.243)
HHI_t	0.166	0.270	0.289
	(0.219)	(0.361)	(0.383)
IMR		-0.097	-0.082
		(-0.432)	(-0.364)
Intercept	-5.962***	-7.375***	-7.436***
	(-6.686)	(-4.693)	(-4.715)
Year FE	Yes	Yes	Yes
Industry FE	Yes	Yes	Yes
Obs	7015	7015	7015
Pseudo R2/Adj. R2	0.061	0.448	0.448

注：表中括号内为 t 值，标准误差经过公司层面 Cluster 调整，***，**，* 分别代表 1%、5% 和 10% 的水平下显著。

三、高管团队海外经历对企业创新的作用机制：人力资本与公司治理

由前文的结果发现高管团队的海归特征确实会对企业的创新活动带来积极作用，接下来我们试图进一步探讨高管和董事的海外经历影响企业技术创新的作用机制。本章主要从企业智力资本和公司治理的两个角度进行深入展开。

表 4-6 从提升人力资本的角度来考察高管团队的海外经历对企业创新影响的作用机制，探讨海归高管团队是否会对企业员工教育水平和员工平均薪酬产生影响。其中，企业员工教育水平数据源于万德数据库（Wind），并手工补充搜集了 2011 年以前的员工学历数据。而普通员工薪酬总额由现金流量表的"支付给员工以及为员工所支付的现金"项目减去董事、监事以及高管年度报酬总额得到，并进一步除以企业员工人数得到企业人均薪酬。

表 4-6　　　　　　　　　　　机制 1：智力资本

Panel A：员工学历

VARIABLES	$Master\%_t$ (1)	$Master\%_{t+1}$ (2)	$Master\%_t$ (3)	$Master\%_{t+1}$ (4)
$Oversea_t$	0.360*	0.313*		
	(1.915)	(1.699)		
$Oversea\ ratio_t$			2.968*	2.574
			(1.801)	(1.600)
Control Variable	Yes	Yes	Yes	Yes
Intercept	Yes	Yes	Yes	Yes
Year FE	Yes	Yes	Yes	Yes
Industry FE	Yes	Yes	Yes	Yes
Obs	7009	7008	7009	7008
Adj. R2	0.172	0.185	0.172	0.185

Panel B：员工人均工资

VARIABLES	$Employee\ Salary_t$ (1)	$Employee\ Salary_{t+1}$ (2)	$Employee\ Salary_t$ (3)	$Employee\ Salary_{t+1}$ (4)
$Oversea_t$	0.073***	0.076***		
	(3.089)	(3.457)		
$Oversea\ ratio_t$			0.820***	0.796***
			(3.043)	(3.380)
Control Variable	Yes	Yes	Yes	Yes
Intercept	Yes	Yes	Yes	Yes
Year FE	Yes	Yes	Yes	Yes
Industry FE	Yes	Yes	Yes	Yes
Obs	6931	6960	6931	6960
Adj. R2	0.260	0.255	0.262	0.257

注：表中括号内为 t 值，标准误差经过公司层面 Cluster 调整，***，**，* 分别代表 1%、5% 和 10% 的水平下显著。

在 Panel A 中，我们发现在控制了行业和年度效应后，当企业高管团队中具有海归人才或海归占比较高时，企业当期和未来一期的研究生以上学历的员工占比会有显著提升，仅在第四列的结果在边际上显著。而在 Panel B 中，我们同样发现当企业高管团队中具有海归人才或海归占比较高时，企业员工的薪酬水平均在 1% 的水平下显著提升。这两个方面反映了高管团队海外经历对企业创新的影响机制首先可能体现在对企业整体人力资本水平的提升上。基于高层梯队理论，那些在国外接受过良好海外教育或在海外企业中从事相关工作的海归人才，他们所积累的学习或工作经验能够较好地提升其技术知识、国际化视野和企业管理能力，这种相对优势使得他们在回国后能进一步促进母国人力资本的积累和提高（Dai 和 Liu，2009；Li 等，2012；刘青等，2013）。由于海归高管团队更加注重对人力资本的投资，而员工学历和员工薪酬均为企业人力资本的重要体现形式，因此高管团队的海外经历能够有效提高对高学历员工的雇佣水平和员工人均工资水平。

企业的治理环境是维持企业发展的重要途径，提升财务报告质量、降低企业对利润的操控行为能够有效缓解委托代理问题，这不仅是股东和中小投资者的共同需求，也是维持企业健康运营的必要条件。盈余管理作为公司治理重点控制的方面之一（于忠泊、田高良、齐保垒和张皓，2011），其根源来自委托方与代理方之间的矛盾，由于现代企业所有权与经营权的分离导致了信息不对称，从而使得经理人有机会利用自身的信息优势和自由裁量权干预盈余的产生和报告过程以实现自身利益的最大化（Jensen 和 Meckling，1976）。已有文献在考察企业盈余管理的影响因素时发现，管理者从事盈余管理主要出于薪酬动因、资本市场动因和监管动因（Healy 和 Wahlen，1999；Chen 等，2008；于忠泊、田高良、齐保垒和张皓，2011）。与此同时，高管自身的教育程度以及是否具有财务专长也会对企业的盈余质量产生影响（万宇洵和肖秀芬，2012；王霞、薛跃和于学强，2011）。这表明，高管的个人经历可能会改变其对股东利益的重视程度，进而影响企业的治理水平。

已有文献证实，上市公司进行盈余管理的具体模式有两类，一类是传统的运用会计方法操纵应计项目进行的应计盈余管理（*Accrual Earnings Management*，AEM），另一类是近年来备受关注的通过构造真实交易，比如操纵经营、筹资和融资等实际交易活动而进行的真实盈余管理（*Real Earnings Management*，REM）（Zang，2012）。管理层通过这两种方式进行盈余操纵，会对股东利益和企业价值造成损害（李春涛等，2016）。因此，本章表4-7从公司治理的角度来考察海归高管或董事的任职是否会对企业管理层的真实盈余管理和应计盈余管理活动产生积极影响,并通过改善公司治理环境进而影响到企业的研发创新活动。

表 4-7　　　　　　　　　　公司治理

Panel A：真实盈余管理				
	REM_t	REM_{t+1}	REM_t	REM_{t+1}
VARIABLES	(1)	(2)	(3)	(4)
$Oversea_t$	-0.016	-0.013		
	(-1.326)	(-1.134)		
$Oversea\ ratio_t$			-0.171**	-0.173**
			(-2.083)	(-2.020)
Control Variable	Yes	Yes	Yes	Yes
Intercept	Yes	Yes	Yes	Yes
Year FE	Yes	Yes	Yes	Yes
Industry FE	Yes	Yes	Yes	Yes
Obs	6324	6862	6324	6862
Adj. R2	0.091	0.042	0.091	0.043
Panel B：应计盈余管理				
	DA_t	DA_{t+1}	DA_t	DA_{t+1}
VARIABLES	(1)	(2)	(3)	(4)
$Oversea_t$	-0.005***	-0.005***		
	(-2.850)	(-2.957)		
$Oversea\ ratio_t$			-0.032**	-0.027*
			(-2.174)	(-1.662)
Control Variable	Yes	Yes	Yes	Yes
Intercept	Yes	Yes	Yes	Yes
Year FE	Yes	Yes	Yes	Yes
Industry FE	Yes	Yes	Yes	Yes
Obs	6682	6702	6682	6702
Adj. R2	0.132	0.087	0.131	0.086

注：表中括号内为 t 值,标准误差经过公司层面 Cluster 调整,***,**,* 分别代表 1%、5% 和 10% 的水平下显著。

在表 4-7 的 Panel A 中,真实盈余管理可分为以下三个方面：(1) 销售操纵,如提供更宽松的信用政策放宽销售条件限制、加大价格折扣等；(2) 生产操纵,如进行批量生产以降低单位销售成本来增加边际利润等；(3) 酌量性费用操纵,如推迟或削减雇佣、研发、广告、维修等不能立即产生收入和利润的支出等。本章分别用异常经营活动现金流 (AbCFO)、异常产品成本（AbProd）以及异常费用（AbDiscE）来对上述三个项目进行度量（Roychowdhury，2006），当异常经营活动现金流（AbCFO）越低、异常产品成本（AbProd）越高、异常费用（AbDiscE）越低时，均表明公司更有可能进行真实盈余管理活动。进一步地，参照 Cohen 和 Zarowin（2010）以及 Zang（2012）的方法，我们构造了衡量企业真实盈余管理的测度，如模型（4-2）所示，其中，较高的 REM 代表了公司进行了调增利润的真实盈余管理行为。

$$REM = AbProd - AbCFO - AbDiscE \qquad (4-2)$$

另外，我们参考 Kothari 等（2005）在修正的 Jones 模型（Dechow 等，1995）的基础上，控制了上一年度的资产收益率，计算了应计盈余管理测度，按照已有文献的处理方式，我们取其绝对值作为企业盈余管理程度的代理变量 DA，当绝对值取值越大时，表明企业进行应计盈余管理的程度越高。

表 4-7 结果显示，在控制了行业和年度效应后，企业高管团队的海外经历会显著降低当期和未来一期的应计盈余管理活动。而海归高管团队比例的提高也会显著降低企业当期和未来一期的真实盈余管理行为。这均表明海外经历作为企业管理人员的一种重要生活经历同样也会影响其个体行为，由于海归高管在其他发达国家中接受过良好教育或经历过管理实践，当其回到母国后，能够引进以及帮助企业遵循更严格的公司治理准则，提高了企业的治理水平（Giannetti 等，2015；Miletkov，等，forthcoming），进而缓解了企业面临的盈余管理行为。

第五节　扩展性检验

相较于那些具有海外工作背景的高管或董事来说，具有海外学习经历的高管团队由于积累了较高的人力资本，他们在技术知识、经营管理和国际化视野等方面的优势会使得他们在回国后能进一步促进所在企业人力资本的积累和提高（Dai 和 Liu，2009；Li 等，2012；刘青等，2013）。Liu 等（2010）、Filatotchev 等（2011）、李平和许家云（2011）考察了留学人员在高新技术行业的技术溢出效应，证实留学人员技术溢出效应的存在。刘青等（2013）基于中国民营企业主的调查数据发现，海归因为自身的发展有较多的人力资本投资，因此也会更重视员工培训的重要性和价值，且海归的留学经历对企业业绩的正向促进作用更加显著。因此，具有海外学习经历的高管可能会更加重视企业员工的人力资本提升，从而保证企业在研发创新或其他投资决策上的效率。另外，具有海外学习经历的高管由于系统地接受过发达国家的良好教育，全面且深入学习了先进的经营理念和管理案例，他们能通过为母国企业引进更严格的公司治理准则来提升治理环境。因此，通过人力资本和公司治理两种作用渠道，我们均认为具有海外学习经历的高管团队对企业创新的影响更大。

在表4-8的Panel A中，通过区分高管团队的海外工作和学习经历，我们发现海外学习的高管团队虚拟变量和人数占比对企业专利的估计系数均在5%的显著性水平下显著，且系数更大，而海外工作的高管团队虚拟变量仅在10%的水平下正显著，海归工作的高管团队人数占比并不显著。该结果也说明了相对于只具有海外工作背景的高管团队，那些具有海外求学背景的高管或董事对企业创新的促进作用更强。

表4-8　　　　　　　　　　扩展性分析

Panel A：海外工作 vs. 海外学习		
	$Ln(Patent_{t+1})$	
VARIABLES	(1)	(2)
$Oversea\ work_t$	0.113*	
	(1.659)	
$Oversea\ education_t$	0.218**	
	(2.344)	
$Oversea\ work\ ratio_t$		0.905
		(1.166)
$Oversea\ education\ ratio_t$		2.544**
		(2.002)
Control Variable	Yes	Yes
Intercept	Yes	Yes
Year FE	Yes	Yes
Industry FE	Yes	Yes
Obs	7015	7015
Adj. R2	0.449	0.449

续表

Panel B：高管 vs. 董事

VARIABLES	$Ln(Patent_{t+1})$	
	(1)	(2)
$Oversea\ executives_t$	0.184**	
	(2.057)	
$Oversea\ directors_t$	0.132**	
	(2.075)	
$Oversea\ executives\ ratio_t$		2.335**
		(2.321)
$Oversea\ directors\ ratio_t$		0.804
		(0.965)
Control Variable	Yes	Yes
Intercept	Yes	Yes
Year FE	Yes	Yes
Industry FE	Yes	Yes
Obs	7015	7015
Adj. R2	0.448	0.448

Panel C：长期影响

VARIABLES	$Ln(Patent_{t+2})$		$Ln(Patent_{t+3})$	
	(1)	(3)	(2)	(4)
$Oversea_t$	0.196***		0.196***	
	(3.190)		(2.916)	
$Oversea\ ratio_t$		1.426**		1.293*
		(2.068)		(1.735)
Control Variable	Yes	Yes	Yes	Yes
Intercept	Yes	Yes	Yes	Yes
Year FE	Yes	Yes	Yes	Yes
Industry FE	Yes	Yes	Yes	Yes
Obs	5951	5951	4937	4937
Adj. R2	0.442	0.442	0.430	0.429

注：表中括号内为 t 值，标准误差经过公司层面 Cluster 调整，***、**、* 分别代表 1%、5% 和 10% 的水平下显著。

进一步地，我们区分了具有海外经历的高管和具有海外经历的董事，一般来说，我们认为企业高层管理人员，如董事长和 CEO 等，他们在公司中担任着关键职位，在进行公司决策时有更大的自主权和影响力（宋建波等，2017）。而我国的公司董事会代表股东对企业的经营活动实施监督管理，来约束控股股东和管理层的机会主义行为，进而改变上市公司的治理结构。然而一方面，董事相对于高管而言在公司的重大经营决策上影响较小；另一方面，作为董事会成员的重要组成部分，独立董事的"独立性"受到挑战，已有文献认为独立董事在我国上市公司治理中并未发挥出有效的监督职能，无法对高管形成制约，甚至扮演着"花瓶"的角色（陈运森和谢德仁，2011；宋建波和文雯，2016）。因此，我们认为从公司治理的角度来看，相对于具有海外背景的董事而言，具有海外经历的高管对公司的创新活动具有更大促进作用。

在表 4-8 的 Panel B 中，我们发现海归高管的虚拟变量和人数占比的估计系数均在 5% 的水平下显著为正，而海归董事，不论是虚拟变量还是人数占比，其估计系数和显著性均较小，在进行 F 检验后，我们也发现了两组系数确实分别存在显著差异。这支持了我们的预期。

在前文的表格中，我们均只研究了高管团队的海外经历对未来一期企业专利的影响。考虑到企业的研发创新是一项周期较长的活动，从公司的研发投入至产出并申请专利保护可能需要超过一年的周期。故我们也考察了海归高管或董事对企业未来两年、三年专利产出的影响，实证结果如表 4-8 的 Panel C 所示，这表明高管团队的海外经历对企业创新在长期仍存在显著的积极影响。

第六节　稳健性检验

已有文献将专利引用次数作为专利质量的测度（He 和 Tian，2013），然而中国的国家专利数据库并未提供专利引用的信息，所以只能通过专利的独创性来衡量专利的质量。根据国家专利法律，我国专利包括发明专利、实用新型专利与外观设计专利三类,其中,发明专利的独创性最强。因此,我们选择发明专利申请量加1的自然对数 $Ln(Invention\ Patent)$ 作为专利质量的代理变量进行稳健性分析。表4-9的Panel A表明当因变量为专利质量时,高管团队的海外经历会显著促进我国企业专利的质量提升。

表4-9 稳健性分析

Panel A:专利质量

VARIABLES	$Ln(InventionPatent_{t+1})$	
	(1)	(2)
$Oversea_t$	0.157***	
	(3.488)	
$Oversea\ ratio_t$		1.033**
		(2.153)
Control Variable	Yes	Yes
Intercept	Yes	Yes
Year FE	Yes	Yes
Industry FE	Yes	Yes
Obs	7015	7015
Adj. R2	0.328	0.326

Panel B:替代因变量(研发支出占比)

VARIABLES	$R\&D/Sales_{t+1}$	
	(1)	(2)
$Oversea_t$	0.479**	
	(2.397)	
$Oversea\ ratio_t$		4.291**
		(2.071)
Control Variable	Yes	Yes
Intercept	Yes	Yes
Year FE	Yes	Yes
Industry FE	Yes	Yes
Obs	4413	4413
Adj. R2	0.348	0.349

续表

Panel C：控制企业固定效应

VARIABLES	Ln($Patent_{t+1}$)	
	(1)	(2)
$Oversea_t$	0.118**	
	(2.446)	
$Oversea\ ratio_t$		1.256***
		(2.693)
Control Variable	Yes	Yes
Intercept	Yes	Yes
Year FE	Yes	Yes
Industry FE	Yes	Yes
Obs	7015	7015
Adj. R2	0.787	0.787

注：表中括号内为 t 值，标准误差经过公司层面 Cluster 调整，***，**，* 分别代表 1%、5% 和 10% 的水平下显著。

出于稳健性的考虑本章亦采用研发支出占销售收入的比例作为企业创新投入的度量指标，在 Panel B 中同样发现了海归高管或董事能有效促进企业的研发创新投入。

为了进一步控制企业层面一些无法观测到的因素，在 Panel C 中，我们给出了基于企业的静态面板双向固定效应的回归结果，即同时控制了公司层面的固定效应和年度固定效应，发现了一致的结论。

第七节 结 论

在管理学领域得到广泛应用的高层梯队理论认为，组织的战略选择和绩效水平在某种程度上取决于企业高层管理人员的管理背景和组成特征。以往被纳入研究的因素通常包括年龄、教育背景、职业背景等，近年来国内外一些学者也开始关注企业管理人员的其他特征，如过度自信等心理特征、军队经历等生活经历。海外经历作为企业管理人员的一种重要生活经历同样也会影响管理人员的行为，如对人力资本或公司治理的重视，进而影响企业的研发创新决策，因此高层梯队理论有助于我们分析和理解高管海外经历所发挥的作用。

本章选取中国沪深两市 2008—2016 年的所有 A 股上市公司为初选样本，并手工补充搜集了 2011 年以前的员工学历数据。选取企业专利申请量和研发支出作为企业创新产出和投入的代理变量，研究了高管团队的海外经历会如何影响企业的技术创新。本章的实证检验结果表明，企业高管或董事的海外背景确实能有效促进企业的专利产出，并且在运用倾向得分匹配和 Heckman 两阶段检验控制自选择效应后，结论仍然成立。进一步地，我们探究了这种影响的作用机制，发现海归高管团队能通过提升企业的人力资本和改善公司治理环境两种渠道来对企业创新产生积极影响。并且，相对只具有海外工作背景的高管团队，那些具有海外求学背景的高管或董事对企业创新的促进作用更强；相对于具有海外背景的董事而言，具有海外经历的高管对公司创新的促进作用更显著，这种促进作用在长期仍然显著。通过一系列稳健性测试后，本章的结论依然稳健。

本章的结果丰富了高层梯队理论和企业创新领域的文献，同时为具有海外经历的高管团队在微观企业中的作用提供了实证证据。本章发现具有海外背景的高管团队确实在企业中发挥了重要的"引智"和治理作用，提升了企业的自主创新能力，这凸显了人力资本在企业经营阶段的重要性。对企业而言，通过完善海外"人才引进"政策以及为企业内部人才提供海外学习的机会，可以提高经营者的管理技能，有效促进企业的未来发展和创新能力的不断提升。

第五章　CFO 海外经历与证券分析师预测

第一节　问题的提出

自改革开放以来，我国正逐步提高在世界经济、政治格局中的影响力。但作为一个新兴经济体，我国法律环境仍然相对薄弱，投资者保护力度有限（Jiang 和 Kim，2015）。其中，限制我国经济发展的重要因素之一就是人力资本相对短缺问题。为了解决这一问题，中国各级政府自 1990 年以来制定了有关引进具有海外经历的人才的政策（Giannetti 等，2015），希望这些海归人才能够为中国的经济发展作出贡献。特别是在 2008 年，中央政府颁布了一项名为"高层次海外人才引进计划"的政策，极大鼓励了海外人才回国并从事各种经济活动。截至 2016 年年底，我国海归人才的数量从 2000 年的不到 10000 人增加到 2016 年的 432500 人。此外，超过 458 万的中国学生出国留学，其中约 82.23% 的人在完成学业后归国。目前，上市公司拥有海外经历的 CFO 已成为中国证券市场不可忽视的重要群体。在经济全球化的背景下，深入研究拥有海外经历的 CFO 对分析师盈余预测精度的影响具有重要的理论和实践意义。

管理团队的人力资本对于创业公司的发展至关重要（Haber 和 Reichel，2007；Zimmerman，2008），并且发现各种个人特质，如领导能力、专业知识、经验、性别和性格都会影响到公司的业绩（Shrader 和 Siegel，2007；Carter 等，2007；Engelen 等，2015；Zona，2016；Zhang，2017）。而海外经历作为人力资本的一种，越来越受到从业者和政策制定者的关注。学术界也对此现象展开了一系列研究。现有文献主要从海归人员优势出发，如人力资本、社交网络以及基于此的知识溢出效应。如 Filatotchev 等（2009）发现企业的出口导向会受到企业主个人海外背景影响；Giannetti 等（2015）指出海归董事更有益于公司治理水平的提高；Li 等（2016）发现，海归高管能减少投资者、分析师的信息不对称问题，进而影响企业社会责任投入及企业投资效率。这些研究表明，具有海外经历的人才相比于本土人才在公司治理方面具有独特优势，进而为企业的海外人才引进提供参考。

证券分析师作为经验丰富的财务报表使用者，同时也履行了企业高管与投资者之间信息交流媒介的职能。盈余预测是分析师的主要任务之一。先前的研究表明，信息的可获得性会影响盈余预测准确性（Ke 和 Yu，2006；Cohen 等，2010）。此外，现有文献也分析了分析师个人特质，如分析师个人经历、动机、经验等，也会影响盈余预测精度（Clement，1999；Clement 和 Tse，2005）。通过研究 CFO 海外经历对分析师盈余预测精度的影响，我们丰富了这一文献。具体而言，我们的研究为 CFO 海外经历是否能够通过企业的财报质量，从而有助于证券分析师进行盈利预测提供了证据。

本章以 2008～2018 年中国 A 股非金融类上市公司为研究样本，考察了 CFO 海外经历是否影响了分析师盈余预测精度。研究发现：CFO 的海外经历对分析师盈余预测精度具有显著的正向影响。在控制了潜在的内生性问题后，结论仍然成立。拓展的研究表明，相对于海外学习经历，CFO 的海外工作经历对分析师盈余预测精度的提高更为明显。

本章的创新点和贡献主要表现在：（1）以往文献主要关注高管（或董事）团队的海外经历和企业国际化、社会责任等之间的关系，而本章则主要聚焦于高管海外经历对于分析师预测精度的影响，并探讨其内部机制。（2）现有文献大多研究高管的学术经历、从军经历、任职经历等早期经历如何影响企业财务行为，很少探讨高管海外经历与分析师预测精度相关关系，有力填补了相关空白。（3）现有文献主要从宏观角度研究海外归国人才对各行业的经济效应、社会效应（李平和许家云，2011）。而本章则从企业微观角度出发，关注了 CFO 的海外经历对分析师预测精度的影响，得出 CFO 的海外经历能够在一定程度上提升分析师预测准确度的结论，对上市公司管理人才的选拔，企业信息透明度的提高和维护金融市场稳定具有参考价值。

文章的内容安排大致为：第二节为理论分析，并提出待检验假说；第三节为数据来源与变量定义；第四节为研究设计及经验实证结果分析；第五节是拓展性研究；第六节是研究内生性问题；第七节为本章结论。

第二节 理论分析与假设提出

根据 Hambrick 等（1984）提出的高层梯队理论，由于内外环境的复杂性，管理者是不完全相同的，个人价值观和认知风格的差异会导致不同的管理者作出不同的决策，进而影响企业的经营管理和绩效产出。现有研究主要分析其人口统计背景特征，如高管性别（Gul 等，2011）、高管年龄（Huang 等，2012；Yim，2013；Jenter 等，2015），以及高管受教育程度（Bertrand 等，2003；黄继承等，2013）等都会影响企业财务绩效。此外，高管的特殊经历（Kaplan 等，2012；姜付秀等，2013；Charles 等，2017）也会影响高管的思维方式和行为偏好，进而影响企业经营管理。高管海外经历（包括在国外求学或工作的过程）也是一种高管特殊经历。然而，中国作为新兴经济体，其法律制度、文化制度、政治环境、经济环境等与海外国家仍存在较大差距，因此海外经历必然会对高管产生影响，且并不会随着时间的推移和环境的改变而消失，反而会不断与环境相匹配。Marquis 等（2013）提出的"烙印效应"也印证了这一观点，即"在短暂的易感性期间，焦点实体会形成反映环境突出特征的特征，尽管随后的时期内环境发生了重大变化，这些特征仍将继续存在。""烙印效应"主要有三点：一是敏感时期，二是形成烙印，三是持续影响。就本章而言，由于法律制度、文化制度等存在显著差异，海外求学或工作的过程明显是一个被"烙印"的过程，且会产生持续影响，这种经历会持续改变 CFO 在价值观、决策偏好、行为习惯等方面，影响企业的财务行为。因此，基于高层梯队理论和烙印效应，海外经历能潜移默化地改变 CFO 的认知结构、决策偏好及行为习惯，不仅仅只是追求最大化股东利益，也可以做到监督、遏制和约束自己的自利行为，提高会计信息质量，进而影响分析师盈余预测精度。

黄国良（2016）等研究发现有海外经历的高管大多来自欧美等发达国家，其国家的法律体系更完善、信息披露制度更严格、监管效率更高效。长期以来，海外背景 CFO 受到海外投资者法律保护制度和企业社会责任文化的熏陶，不同于我国的制度文化会影响其认知结构和价值观，其道德责任标准和投资者法律保护理念更强（宋建波和文雯，2016），并将社会责任概念运用于企业的管理实践中，先前研究表明，企业社会责任提高了财务报告透明度，并减少了高管不良行为。另外，发达国家通常法律制度较为完善，法规遵从性更高、更自觉，所以具有海外经历的 CFO 往往法制意识较强、自律性更强，深知操纵企业财务报告所面临的高额代价，发生不良财务行为的概率会降低，提高会计信息质量（杜勇等，2018），进而提高分析师预测精度。

海外经历（即包括海外求学或者工作经历）作为特殊的人力资本形式，通常被认为是受过良好教育或者具有专业技能的标志。优质的教育往往意味着较强的个人能力，Demerjian 等（2013）的研究证明了管理者能力正向影响盈余质量，提高会计信息质量，且具有海外经历的 CFO 通常具有更高的认知复杂性和更大的处理和分析信息的能力（Sun 等，2019），因此在解决问题时，他们会尽可能将现阶段的证据与自身判断相结合，以获得全面可靠的信息，进而提高会计判断和估计的准确性。并且对于拥有海外经历的 CFO 而言，由于对社会声誉和职业前景的关注，其所在公司的相关财务数据更为透明公正，财务舞弊事件的可能性更小，分析师预测精度更高。

综上所述，具有海外经历的 CFO 相比于本土 CFO，其所受到的良好教育以及切身体会的文化环境、制度环境及法律环境在实施社会责任制度活动、提高会计信息质量、监督和遏制自身的自利行为、改善企业信息环境方面具有独特优势，且烙印效应持续存在，使得CFO在追求最大化股东利益时同时严格要求自己的行为，以提高会计信息质量，进而提高分析师盈余预测精度。因此我们提出本章以下假设：

H1：CFO拥有海外经历能够提高分析师预测精度。

先前研究表明，企业在进行盈余管理时会采用应计盈余管理和真实盈余管理两种盈余管理方式（Zang，2012）。但有海外经历的CFO相比于本土成长的CFO，其在海外求学和工作的背景，使其切身体会不同于本国的经济制度、政治制度、法律制度等进而潜移默化影响其思维方式、决策偏好、行为习惯。一方面，发达国家的上市公司花费大量时间和资源来促进其社会责任活动（Adhikari，2016），受其影响，有海外经历的CFO也倾向于从事企业社会责任活动，已有研究表明企业社会责任提高了信息透明度、减少了盈余管理等不道德行为（Dhaliwal，2011）。另一方面，与发展中国家相比，发达国家公司治理机制更为完善，有海外求学或者工作经历的CFO能从中学习到更先进的公司治理经验，随着CFO归国后将高水平的公司治理结构带到新公司，高水平的公司治理结构又可以有效抑制盈余管理（高雷和张杰，2008）。基于以上分析，本章提出如下假设：

H2a：CFO拥有海外经历能降低应计盈余管理。

H2b：CFO拥有海外经历能降低真实盈余管理。

独立审计是现代资本市场的重要角色，而排名靠前的会计师事务所相对其他会计师事务所而言，有着相对较高的审计质量。具有海外经历的CFO的中国上市公司更倾向于聘请四大或十大会计师事务所。一方面是，有海外经历的CFO其道德责任标准更高，且社会声誉相比于个人私利更重要以及更强的保护中小股东的需求。另一方面，在海外求学或工作过的CFO累积学习到的先进管理经验，提高了公司的治理水平，更有可能去聘请四大或十大会计师事务所（Beasley和Petroni，2001；Kane和Velury，2004；张敏等，2011）。综上，有海外经历的CFO对自己要求更严格、自律性更强，也更有动力去改善公司的监督机制，将外部审计作为外部监督的一种去加强，进而聘请四大或十大会计师事务所。结合以上分析，本章提出以下假设：

H3：CFO 拥有海外经历能提高审计质量。

第三节 数据来源与变量定义

一、数据来源

本章选取的初始样本为 2008～2018 年度上交所、深交所全部 A 股上市公司。样本公司的筛选标准如下：（1）考虑到金融行业的特殊性，因此，遵循研究惯例，剔除了金融类的上市公司；（2）剔除本章所需核心财务指标缺少以及 CFO 背景不详的样本；（3）剔除公司年度股票收益率有关的缺少的样本。同时，为减轻异常值对实证结果的影响，对选取的所有变量在 1% 和 99% 水平上进行了 Winsorize 处理。最终有效样本涵盖了 1893 家公司，共计 7772 条数据。研究所需数据主要来自国泰安数据库。

二、变量测度

1. 因变量

分析师预测精度。参考谭松涛（2015）的研究方法，本章使用分析师预测精度的指标 Forecastaccuracy 来度量分析师预测的行为，即 EPS 真实值到预测值的绝对值除以 EPS 绝对值（见公式 5-1）。此外，通过参考褚剑等（2019）的文献，我们选择分析师当年最后一次的预测值作为当年分析师对上市公司 EPS 的预测值，依据是该方法最能反映分析师结合当前所有可得信息作出的预测。

$$Forecastaccuracy_{i,t} = \frac{|FEPS_{i,t} - EPS_{i,t}|}{EPS_{i,t}} \quad (5-1)$$

其中，符号 j 表示分析师组别，$FEPS_{i,t}$ 表示分析师在 t 年度对公司 i 作出的盈余预测的平均值。公式（5-1）反映的是分析师预测偏差对真实值的偏离程度,结果越大,说明分析师预测准确性越低。

2. 自变量

CFO 海外经历。本章采取构建虚拟变量的方法来测度 CFO 海外经历(overseabackground),其定义为:如果公司 CFO 在测度年份有求学经历或者工作背景,则取 overseabackground 值为 1,相反则取值为 0。同时为更多地分析公司财务总监海外背景的类别可能产生的影响,我们继续构造其他如下变量:设置 CEO 或董事长是否具有海外背景的虚拟变量 Main,定义为如果企业 CEO 或董事长在测度年份拥有海外工作或学习背景则取 Main 值为 1,相反则取值为 0。

3. 控制变量

参考以往文献,我们控制如下变量:CFO 的年龄(Age)、CFO 的性别(gender)、CFO 的受教育程度(Degree)、CFO 的任职年限(Tenure)、公司收入波动性(volatility)、公司规模(size)、分析报告预测时限(interval)、机构持股比例(RATIO)、被分析师关注度(follower)等,同时,我们在模型中引入年度和行业虚拟变量来对时间和行业效应作出控制,所有的控制变量均做滞后 1 期的处理。行业分类是根据证监会 2012 年的行业分类标准得出的。所有变量的具体定义可参见表 5 – 1。

表 5 – 1   变量具体定义

变量	符号	定义
被解释变量	$Forecastaccuracy$	被解释变量,分析师预测偏误的绝对值,取值越大表明预测偏误越大
解释变量	$overseabackground$	主要解释变量,CFO 有海外经历为 1,无海外经历为 0
	$overseaonlywork$	分组解释变量,CFO 只有海外工作经历为 1,否则为 0
	$overseaonlyedu$	分组解释变量,CFO 只有海外教育经历为 1,否则为 0
	$overseaworkandedu$	分组解释变量,CFO 有海外教育和工作经历为 1,否则为 0
控制变量	$gender$	CFO 性别,0 代表女性,1 代表男性
	Age	CFO 年龄
	$Degree$	CFO 学历。1 = 中专及以下,2 = 大专,3 = 本科,4 = 硕士,5 = 博士

续表

变量	符号	定义
控制变量	Tenure	公司高管平均任期
	size	对公司年初总资产作出对数化处理
	volatility	公司 t 期之前 3 年营业收入与总资产比值的标准差
	interval	将分析报告公布日与分析报告预测日相差的天数进行对数化处理
	follower	在 1 年内分析师团队对该公司进行跟踪分析的数量进行对数化处理
	RATIO	在研究报告公布季度的机构持股占流通股比例
	Main	董事长或 CEO 是否有海外经历，有海外经历为 1，否则为 0
	Dual	董事长与总经理兼任情况，1 = 同一人，0 = 不同一人
	consisit	独立董事与上市公司工作地点一致性统计
	IdirectorP	独立董事占比：独立董事人数除以董事人数
	Firstratio	第一股东持股比例

三、描述性统计

表 5-2 报告了主要变量的描述性统计结果。从中可以看出，overseabackground 的均值为 0.035，overseaonlywork 的均值为 0.017，overseaonlyedu 的均值为 0.012，说明在我们的样本中 3.5% 的 CFO 具有海外工作或求学经历，但具有海外经历的 CFO 在我国上市公司仍然缺乏。其他控制变量分布合理。

表 5-2　　　　　　　　　主要变量的描述性统计

variable	N	mean	sd	min	max	p50
Forecastaccuracy	7772	1.461	3.170	0.0129	22.64	0.496
overseabackground	7772	0.035	0.182	0.000	1.000	0.000
overseaonlywork	7772	0.017	0.130	0.000	1.000	0.000
overseaonlyedu	7772	0.012	0.108	0.000	1.000	0.000
overseaworkandedu	7772	0.006	0.0742	0.000	1.000	0.000

续表

variable	N	mean	sd	min	max	p50
gender	7772	0.709	0.454	0.000	1.000	1.000
Age	7772	45.860	6.144	33.000	61.000	45.000
Degree	7772	3.333	1.017	2.000	7.000	3.000
Tenure	7772	4.397	3.310	0.082	13.480	3.452
size	7772	22.25	1.274	19.920	26.240	22.060
volatility	7772	0.204	0.420	0.005	3.034	0.093
interval	7772	3.603	1.309	0.000	5.756	4.007
follower	7772	2.077	0.867	0.693	3.761	2.079
RATIO	7772	8.980	8.355	0.0336	38.130	6.548

表5-3报告了分组检验结果。按照CFO海外经历的虚拟变量将样本分为两组，有海外经历CFO和无海外经历CFO，并对两组样本的分析师预测精度和其他控制变量进行了均值检验和符号秩检验。总体上看，有海外经历CFO的企业，相比于无海外经历CFO的企业其分析师预测精度更高，这也初步证实了本章假设H1的合理性。

表5-3　　　　　　　　　分组检验结果

| | overseabackground = 0 | | overseabackground = 1 | | T-test | Wilcoxon test |
	均值	中位数	均值	中位数	p-value	p-value
Forecastaccuracy	1.4740	0.4950	1.1010	0.5040	0.0590	0.4517
gender	0.7070	1.0000	0.7460	1.0000	0.1700	0.1697
Age	45.8720	45.0000	45.4440	45.0000	0.2630	0.4177
Degree	3.3120	3.0000	3.9220	4.0000	0.0000	0.0000
Tenure	4.3970	3.4520	4.4100	3.7400	0.9490	0.6735
size	22.2360	22.0530	22.5460	22.3420	0.0000	0.0007
volatility	0.2040	0.0930	0.2020	0.1010	0.9480	0.0561
interval	3.6100	4.0250	3.3970	3.8170	0.0090	0.0057
follower	2.0670	2.0790	2.3330	2.3980	0.0000	0.0000
RATIO	8.9550	6.5070	9.6860	7.8790	0.1590	0.0113

第四节 实证结果

一、基本回归结果

在分组检验的基础上，本章通过多元回归模型进一步验证 H1。为了验证海外经历 CFO 是否会提高分析师预测精度，构建如下模型：

$$Forecastaccuracy = \beta_0 + \beta_1 overseabackground + \beta_n Controls_{i,t} + \sum Yeardummy + \sum Industrydummy + \varepsilon \qquad (5-2)$$

其中，Forecastaccuracy 为分析师预测精度，取值越小说明分析师预测精度越高。overseabackground 表示企业 CFO 有无海外经历的虚拟变量，若 CFO 有海外求学或者工作的经历则取值为 1，否则为 0。Controls 表示的是一系列控制变量，具体可参见前文定义。ε 为随机误差。对于 H1，我们预测 overseabackground 的系数 β_1 是显著为负的。

表 5-4 报告了 CFO 海外经历对分析师盈余预测精度影响的回归结果。第（1）列是控制了年度、行业效应以后，CFO 海外经历能显著提高分析师盈余预测精度。在第（2）列中除了控制年份、行业效应，纳入更多的控制变量以后，结果仍然显著，即 CFO 海外经历能显著提高分析师盈余预测精度。从回归结果来看，相比无海外经历 CFO 的企业，有海外经历 CFO 的企业，其分析师盈余预测精度显著提高约 31.8%，在 5% 的水平上显著。此外，列（2）还表明 CFO 任期（Tenure）、分析师关注度（follower）均会显著提高分析师盈余预测精度。综上，这一部分回归结果都符合预期，假设 H1 得到验证，并且与现有文献的研究结论基本保持一致。

二、影响机制研究

我们已经发现 CFO 海外经历显著提高了分析师盈余预测精度，那么 CFO 海外经历是通过何种途径影响了分析师预测精度呢？已有研究表明，应计盈余质量越低、真实盈余管理程度越低，会计信息越透明，改善了信

表 5-4　　　　CFO 海外经历与分析师盈余预测精度

	ForecastAccuracy	
	(1)	(2)
overseabackground	-0.409***	-0.318**
	(0.139)	(0.140)
gender		0.0605
		(0.077)
Age		0.0105
		(0.007)
Degree		-0.00448
		(0.035)
Tenure		-0.0505***
		(0.013)
L_size		0.0162
		(0.036)
L_volatility		-0.0286
		(0.084)
L_interval		0.00579
		(0.025)
L_follower		-0.465***
		(0.047)
L_RATIO		-0.00250
		(0.004)
Constant	2.797***	2.793***
	(0.464)	(0.856)
year	控制	控制
industry	控制	控制
Observations	7772	7772
R-squared	0.017	0.041
r2_a	0.0132	0.0358

息披露质量，分析师盈余预测准确性越高（石桂峰等，2007）。此外，审计质量越高，外部监管越严格，分析师预测精度也越高（Behn 等，2008；Lawrence 等，2011）。本节进一步考察有海外经历 CFO 是否通过降低公司的应计盈余质量，降低公司的真实盈余管理以及提高公司的审计质量来提高分析师盈余预测精度。

1. 应计盈余管理

根据先前研究，我们借鉴 Dechow 等（1995）的修正的 Jones 模型来计算企业的应计盈余质量情况，并简称为 absDA，也就是异常应计项目值的绝对值。具体计算如模型（5-3）、模型（5-4）所示：

$$\frac{TA_t}{Asset_{t-1}} = \alpha_1 \frac{1}{Asset_{t-1}} + \alpha_2 \frac{\Delta REV_t}{Asset_{t-1}} + \alpha_3 \frac{PPE_t}{Asset_{t-1}} + \varepsilon_t \quad (5-3)$$

$$DA = \frac{TA_t}{Asset_{t-1}} - \left[\hat{\alpha}_1 \frac{1}{Asset_{t-1}} + \hat{\alpha}_2 \frac{(\Delta REV_t - \Delta REC_t)}{Asset_{t-1}} + \hat{\alpha}_3 \frac{PPE_t}{Asset_{t-1}} \right] \quad (5-4)$$

我们通过模型（5-3）分年度、分行业数据回归得到 α_1、α_2、α_3 的值，再将系数代入模型（5-4）中计算指标 DA。其中，$TA_t = Profit_t - Cashflow_t$，$Profit_t$ 是第 t 年的净利润，$Cashflow_t$ 是第 t 年经营活动产生的现金净流量。Asset 为总资产；ΔREV 为第 t 年的主营业务收入与第 t-1 的主营业务收入的差值，即营收的增长部分。ΔREC_t 是第 t 年的应收账款净额与第 t-1 年的应收账款净额的差额部分；PPE_t 为年的固定资产净额。ε 为随机误差。本章将 DA 的绝对值 absDA 作为盈余管理的度量指标，其值越小，表示企业盈余管理的程度越低。

表 5-5 报告了 CFO 海外经历对应计盈余管理的回归结果。其中，第（1）列在控制了年度和行业效应后检验了 CFO 海外经历与应计盈余管理之间的关系；第（2）列在第（1）列的基础上，一系列控制变量被纳入模型。第（1）列回归结果显示 overseabackground 的估计系数为 -0.00939 且在 10% 的水平上显著。在加入了一系列控制变量后，overseabackground 的估计系数为 -0.0128 且在 5% 的水平上显著。即有海外经历 CFO 的公司降

低了其应计盈余管理,也即有海外经历的 CFO 减少了公司盈余管理等不良行为。结合前文分析,有海外经历的 CFO,普遍个人能力较强,进而会提高公司治理水平。综上,CFO 海外经历与应计盈余管理的回归系数显著,且符号与预期相一致,假设 H2a 通过验证。

表 5–5　　　　　　　　CFO 海外经历与分析师预测精度

	absDA	
	(1)	(2)
overseabackground	−0.00939*	−0.0128**
	(0.005)	(0.005)
gender		−0.00446**
		(0.002)
Age		3.46e−05
		(0.000)
Degree		0.00234**
		(0.001)
Tenure		−0.000481
		(0.000)
L_size		−0.0285***
		(0.003)
L_mv		0.0330***
		(0.004)
L_lev		−0.00502***
		(0.001)
L_Q		−0.00597***
		(0.001)
Constant	0.0314	−0.0900***
	(0.022)	(0.031)
year	控制	控制
industry	控制	控制
Observations	6551	6494
R−squared	0.018	0.048
r2_a	0.0142	0.0428

2. 真实盈余管理

本章借鉴 Roychowdhury (2006) 的研究方法，利用销售操控、酌量性费用操控以及生产性操控三种方式来衡量真实盈余管理活动。具体计算如模型（5-5）、模型（5-6）、模型（5-7）所示：

$$\frac{CFO_t}{Asset_{t-1}} = \beta_0 + \beta_1 \frac{1}{Asset_{t-1}} + \beta_2 \frac{SALE_t}{Asset_{t-1}} + \beta_3 \frac{\Delta SALE_t}{Asset_{t-1}} + \varepsilon_t \qquad (5-5)$$

$$\frac{PROD_t}{Asset_{t-1}} = \beta_0 + \beta_1 \frac{1}{Asset_{t-1}} + \beta_2 \frac{SALE_t}{Asset_{t-1}} + \beta_3 \frac{\Delta SALE_t}{Asset_{t-1}} + \beta_4 \frac{\Delta SALE_{t-1}}{Asset_{t-1}} + \varepsilon_t \qquad (5-6)$$

$$\frac{DISP_t}{Asset_{t-1}} = \beta_0 + \beta_1 \frac{1}{Asset_{t-1}} + \beta_2 \frac{SALE_{t-1}}{Asset_{t-1}} + \varepsilon_t \qquad (5-7)$$

再对模型（5-5）、模型（5-6）、模型（5-7）分年度、分行业回归，用实际值减去回归后得到的残差值分别表示异常生产成本水平（E_PROD）、异常现金流水平（E_CFO）和异常酌量性费用水平（E_DISP），再借鉴 Zang（2012）将三个指标合成一个真实的盈余管理指标，计算方式如下：

$$REM = E\_PROD - E\_CFO - E\_DISP \qquad (5-8)$$

REM 即为真实盈余管理度量指标，REM 值越小，企业盈余管理程度越低。

表 5-6 报告了 CFO 海外经历对真实盈余管理的回归结果。其中，第（1）列在控制了年度和行业效应后检验了 CFO 海外经历与真实盈余管理之间关系；第（2）列在第（1）列的基础上，在模型中加入一系列控制变量。第（1）列回归结果显示 overseabackground 的估计系数为 -0.0534 且在 1% 的水平上显著，在加入了一系列控制变量后，overseabackground 的估计系数为 -0.0319 且在 5% 的水平上显著，即有海外经历 CFO 的公司降低了其真实盈余管理，也即有海外经历的 CFO 减少了公司盈余管理等不良行为。结合前文分析，有海外经历的 CFO，普遍个人能力较强，进而会提高公司治理水平以及来自西方高道德标准和社会责任的熏陶，减少其盈余管理行为。综上，CFO 海外经历与真实盈余管理的回归系数显著，且符号与

预期相一致，也支持了前文假设 H2b。

表 5-6　　CFO 与真实盈余管理

	REM	
	(1)	(2)
overseabackground	-0.0534***	-0.0319**
	(0.015)	(0.015)
gender		-0.00476
		(0.007)
Age		0.000818
		(0.001)
Degree		-0.00654**
		(0.003)
Tenure		-0.00211*
		(0.001)
L_size		-0.0286**
		(0.012)
L_mv		-0.0134
		(0.012)
L_lev		0.0364***
		(0.004)
L_Q		-0.0447***
		(0.005)
Constant	-0.0529*	0.924***
	(0.030)	(0.076)
year	控制	控制
industry	控制	控制
Observations	6118	6068
R-squared	0.031	0.106
r2_a	0.0269	0.101

3. 审计质量

为了验证假设 H3，借鉴姜付秀等 (2016)，为了衡量公司外部审计质量的指标以公司年度报告的审计师是否来自四大会计师事务所作为其代理指标，虚拟变量 Big4 定义为是否有四大审计，若样本公司年度报告的审计师来自四大会计师事务所，则 Big4 取值为 1，否则取值为 0。此外，由于"本土偏好"的存在，即相比于国际四大，还是更青睐于国内排名前十的会计师事务所。将虚拟变量 Big10 定义为是否有十大审计，若样本公司年度报告的审计师来自国内排名前十会计师事务所，则 Big10 取值为 1，否则取值为 0。

表 5-7 报告了 CFO 海外经历对审计质量的回归结果。其中，第（1）列是控制了年度和行业效应后，overseabackground 的估计系数为 0.838 且在 1% 的水平上显著；第（2）列在第（1）列的基础上，加入一系列控制变量，overseabackground 的估计系数为 0.881 且在 1% 的水平上显著。第（1）、第（2）列因变量均为 Big4，即说明有海外经历的 CFO 更倾向于聘请国际四大会计师事务所。第（3）列是控制了年度和行业效应后，overseabackground 的估计系数为 0.373 且在 1% 的水平上显著；第（4）列在第（3）列的基础上，加入一系列控制变量，overseabackground 的估计系数为 0.328 且在 1% 的水平上显著。第（3）、第（4）列因变量均为 Big10，即说明有海外经历的 CFO 更倾向于聘请国内排名前十的会计师事务所。结合前文分析，有海外经历的 CFO，其自律性更强，还存在内在自我约束机制，因而更有动力去改善公司的监督机制，将外部审计作为外部监督的一种去加强，进而聘请四大或十大会计师事务所。综上，CFO 海外经历与审计质量的回归系数显著，且符号与预期相一致，也验证了前文假设 H3。

表 5-7   CFO 海外经历与外部审计质量

	Big4		Big10	
	(1)	(2)	(3)	(4)
overseabackground	0.838***	0.881***	0.373***	0.328***
	(0.093)	(0.112)	(0.087)	(0.090)
gender		-0.156**		-0.143***
		(0.062)		(0.035)
Age		0.000229		0.00549**
		(0.005)		(0.003)
Degree		0.0864***		0.0387**
		(0.026)		(0.016)
L_size		0.688***		0.141***
		(0.033)		(0.017)

续表

	Big4		Big10	
	(1)	(2)	(3)	(4)
L_lev		-0.206***		-0.0548***
		(0.046)		(0.020)
L_Q		0.0366		0.0604***
		(0.045)		(0.021)
L_BM		-0.0642		0.133
		(0.264)		(0.147)
Constant	-1.762***	-16.97***	-1.107***	-4.448***
	(0.328)	(0.783)	(0.147)	(0.381)
year	控制	控制	控制	控制
industry	控制	控制	控制	控制
Observations	7206	6637	7483	6883
r2_a	.	.	.	.

第五节 拓展性研究

已有研究表明，不同类型的海外经历对个体影响程度也不同（代昀昊和孔东民，2017）。为了检验CFO不同海外经历是否对分析师盈余预测精度产生差异化影响，本章将CFO海外经历细分为只有海外求学经历（overseaonlyedu）、只有海外工作经历（overseaonlywork）以及同时具有海外求学和工作经历（overseaworkandedu）。海外工作经历相比于海外求学经历，使得个体能接触到先进的科学技术和管理经验而不是仅仅停留在理论层面。

表5-8列出了相关回归的结果。第（1）列为CFO只有海外工作经历（overseaonlywork）对分析师盈余预测精度的影响，第（2）列为CFO只有海外求学经历（overseaonlyedu）对分析师盈余预测精度的影响，第（3）列为CFO双重海外经历（overseaworkandedu）对分析师盈余预测精度的影响。第（1）列中overseaonlywork的估计系数为-0.459且在1%的水平上显著，第（2）列中overseaonlyedu的估计系数为-0.0258但并不显著，第

（3）列中 overseaworkandedu 的估计系数为 -0.837 且在 1% 的水平上显著。由此可以看出，CFO 海外工作经历对分析师盈余预测精度的提高作用比 CFO 海外求学经历更强，且双重海外经历更能提高分析师盈余预测精度。

表 5-8　　　　　　　　　　　　CFO 不同海外经历

	ForecastAccuracy		
	(1)	(2)	(3)
overseaonlywork	-0.459***		
	(0.138)		
overseaonlyedu		-0.0258	
		(0.237)	
overseaworkandedu			-0.837***
			(0.156)
gender	0.0590	0.0590	0.0469
	(0.077)	(0.077)	(0.077)
Age	0.0102	0.0105	0.00624
	(0.007)	(0.007)	(0.007)
Degree	-0.00890	-0.00993	-0.0132
	(0.034)	(0.035)	(0.031)
Tenure	-0.0495***	-0.0499***	-0.0421***
	(0.012)	(0.013)	(0.013)
L_size	0.0155	0.0152	0.0390
	(0.036)	(0.036)	(0.039)
L_volatility	-0.0275	-0.0281	-0.0210
	(0.084)	(0.084)	(0.076)
L_interval	0.00562	0.00629	-0.0159
	(0.025)	(0.025)	(0.032)
L_follower	-0.466***	-0.467***	-0.456***
	(0.046)	(0.047)	(0.063)
L_RATIO	-0.00237	-0.00246	-0.00199
	(0.004)	(0.004)	(0.004)
Constant	2.832***	2.825***	2.136**
	(0.856)	(0.857)	(0.946)
year	控制	控制	控制
industry	控制	控制	控制
Observations	7772	7772	6008
R-squared	0.041	0.040	0.033
r2_a	0.0358	0.0355	0.0271

第六节 稳健性检验

一、控制其他潜在影响因素

为了使文章的结论和数据更具说服力,本章进行稳健性检验。考虑到除了 CFO 的海外经历能影响分析师盈余预测精度,公司 CEO 或者董事长的海外经历也有可能影响分析师盈余预测精度。为了控制该因素可能造成的结果差异,我们在模型中加入 Main 这一控制变量,即董事长或 CEO 是否有海外经历。同时,考虑到公司治理水平也可能对分析师盈余预测精度产生一定影响,参考 Xu 等(2014),继续在模型中加入公司治理变量,包括 CEO 与董事长是否两任兼职(Dual)、独立董事与上市公司工作地点一致性统计(consisit)、独立董事占比(IdirectorP)以及第一大股东持股比例(Firstratio)。回归结果如表 5 – 9 所示。从表 5 – 9 的结果可知,CFO 海外经历的系数均为负,且至少在 5% 水平上显著,证明 CFO 海外经历有助于提高分析师盈余预测精度,再次验证了假设 H1 的合理性,因此我们的结论是稳健的。

表 5 – 9 稳健性检验

	ForecastAccuracy	
	(1)	(2)
overseabackground	– 0.360 **	– 0.282 **
	(0.141)	(0.142)
gender		0.0915
		(0.075)
Age		0.00838
		(0.006)
Degree		– 0.00963
		(0.035)
Tenure		– 0.0480 ***
		(0.013)

续表

	ForecastAccuracy	
	(1)	(2)
L_size		0.0418
		(0.037)
L_volatility		0.0182
		(0.086)
L_interval		-0.00110
		(0.025)
L_follower		-0.436***
		(0.046)
L_RATIO		-0.00717
		(0.004)
Dual	-0.0556	-0.0409
	(0.084)	(0.085)
consisit	-0.0625	-0.0543
	(0.073)	(0.072)
L_IdirectorP	1.127	0.959
	(0.687)	(0.689)
L_Firstratio	-0.0131***	-0.0132***
	(0.002)	(0.002)
Constant	2.688***	2.340***
	(0.522)	(0.885)
year	控制	控制
industry	控制	控制
Observations	7586	7586
R-squared	0.021	0.044
r2_a	0.0164	0.0385

二、控制自选择效应的影响

我们想考察有海外经历的 CFO 是否会影响分析师盈余预测精度，但是可能会受到内生性的影响。一方面，有海外经历的 CFO 可能更青睐于选择分析师盈余预测精度更高的公司，可能存在自我选择问题。另一方面，公司的信息披露质量高（也即分析师盈余预测精度较高），从而使得这些公司更多地选择更好的 CFO，比如说选择有海外经历的 CFO，可能存在逆向因果问题。因此，本章借鉴了 Heckman（1979）的两阶段模型和倾向得分匹配方法（PSM）来应对内生性问题。

1. Heckman 检验

Heckman 两阶段法分为两步：

第一阶段，采用 Probit 回归方法估计 CFO 有海外经历的估计模型：

$$overseabackground = \alpha_0 + \beta_1 CFOratio + \beta_n Controls + \sum Yeardummy + \sum Industrydummy + \varepsilon \quad (5-9)$$

其中，overseabackground 表示公司聘请有海外经历 CFO 的虚拟变量。参考已有文献后，选择同年度、同行业其他公司雇佣有海外经历 CFO 的占比 CFOratio（李小荣等，2012；Yuan 和 Wen，2018）。行业内其他公司是否聘请有海外经历 CFO 可能会影响到某公司是否聘请有海外经历 CFO，但是却不大可能影响到分析师盈余预测精度。

第二阶段，利用模型（5-9）计算 IMR（Inverse Mills Ratio）值，然后将 IMR 值加入如下模型中重新进行回归分析：

$$Forecastaccuracy = \alpha_0 + \beta_1 overseabackground + \beta_n Controls + \gamma IMR + \sum Yeardummy + \sum Industrydummy + \varepsilon \quad (5-10)$$

表 5-10 报告了 Heckman 两阶段的回归结果。第一阶段回归结果如第（1）列所示，CFOratio 在 1% 的水平上显著为正，说明同年度、同行业其他公司是否聘请有海外经历的 CFO 会影响到本公司是否聘请有海外经历的 CFO。第二阶段回归结果如表 5-10 中的第（2）列所示，在控制了选择性偏差可能导致的内生性问题后，CFO 海外经历与分析师盈余预测精度的关系在 5% 的水平上显著负相关，与简单 OLS 模型的回归结果一致，即确实证明了有海外经历 CFO 可以提高分析师盈余预测精度，再次验证了假设 H1。

表 5-10　　Heckman 检验

	overseabackground	ForecastAccuracy
	(1)	(2)
overseabackground		-0.319**
		(0.143)
gender	0.0800	0.0666
	(0.066)	(0.122)
Age	-0.00291	0.00760
	(0.006)	(0.007)
Degree	0.204***	0.0307
	(0.023)	(0.228)
Tenure	-0.0249**	-0.0578*
	(0.010)	(0.031)
L_size	0.0429	0.0300
	(0.026)	(0.060)
L_volatility	-0.0246	-0.0164
	(0.070)	(0.099)
L_interval	-0.0208	0.00113
	(0.019)	(0.036)
L_follower	0.0845**	-0.458***
	(0.037)	(0.106)
CFOratio	12.87***	1.837
	(1.739)	(15.854)
L_RATIO	-0.00172	-0.00394
	(0.004)	(0.005)
IMR		0.186
		(1.286)
Constant	-3.010***	2.193
	(0.596)	(4.232)
year	控制	控制
industry	控制	控制
Observations	7345	7345
R-squared		0.041
r2_a	.	0.0361

2. 倾向得分匹配 PSM

我们继续运用倾向得分匹配法（PSM）来解决内生性问题。参考 Yuan 和 Wen（2018），我们将样本分为有海外经历 CFO 的公司（处理组）与没有海外经历 CFO 的公司（控制组）。使用模型（5-9）中除同年度同行业其他公司雇佣有海外经历 CFO 的占比（CFOratio）以外的其他所有变量来估计公司聘用有海外经历 CFO 的概率并计算出每家公司的倾向评分。根据倾向值的结果，从对照组中选择 1:3 个倾向值接近的个体与处理组匹配，最终匹配后的样本数为 981 个。配对后的平衡检验结果如表 5-11 中的 Panel A 所示，即在匹配之后在处理组与控制组之间所有控制变量均没有存在显著差异。这说明我们的配对是有效的。再使用匹配后的样本重新估计模型，结果如表 5-11 中的 Panel B 所示。在控制了潜在的内生性问题后，CFO 海外经历变量（overseabackground）在 10% 的水平上显著为负，表明在控制公司特征方面的差异之后，CFO 海外经历与分析师盈余预测精度之间存在正相关关系，再次证明了假设 H1 的合理性。

表 5-11　　　　　　　　　　　PSM 倾向得分匹配

Panel A			
	Mean		P 值
	处理组（有海外经历 CFO）	控制组（无海外经历）	
gender	0.74627	0.75373	0.842
Age	45.444	45.56	0.827
Degree	3.9216	3.8818	0.705
Tenure	4.4098	4.4716	0.820
size	22.308	22.259	0.682
volatility	0.19429	0.20539	0.744
interval	2.9982	3.0325	0.793
follower	2.204	2.2245	0.805
RATIO	9.8757	9.7966	0.914

续表

Panel B	
	ForecastAccuracy
	(1)
overseabackground	-0.327*
	(-1.955)
gender	-0.035
	(-0.179)
Age	0.022
	(1.246)
Degree	0.056
	(0.835)
Tenure	-0.060**
	(-2.070)
L_size	0.066
	(0.723)
L_volatility	-0.074
	(-0.475)
L_interval	0.027
	(0.412)
L_follower	-0.469***
	(-4.201)
L_RATIO	0.004
	(0.341)
Constant	0.285
	(0.110)
year	控制
industry	控制
Observations	981
R-squared	0.062
r2_a	0.0266

第七节 结 论

鉴于证券分析师在资本市场中充当信息中介的重要作用，证券分析师的盈余预测也就成为资本市场研究中的一个重要分支。众多文献考察了分析师个人特征和信息特点与分析师盈余预测精度的关系，很少有研究管理者特征的，尤其是 CFO 海外经历与分析师预测精度的关系。

本章以我国 A 股上市非金融类公司 2008~2018 年数据作为样本，探讨 CFO 的海外经历对分析师盈余预测精度的影响，得出以下结论：CFO 海外经历有助于提高分析师盈余预测精度。在控制可能存在的自选择问题进行稳健性检验，以及使用 Heckman 样本选择模型与倾向得分匹配法控制内生性问题后，以上结论仍然成立。进一步分析表明，CFO 海外经历能通过烙印机制抑制公司的盈余管理以及通过提高外部审计质量来提高公司的会计信息透明度，进而提高分析师盈余预测精度。最后的异质性分析表明，CFO 海外经历提高分析师盈余预测精度的效果在分析师关注度更高的企业、媒体关注度较高的企业以及行业竞争度较高的企业中表现得更加明显。

本章的研究具有一定的现实意义。一方面，相比于发达国家严格的法律制度，我国法律现阶段较不完善，投资者保护水平相对较低，而 CFO 拥有海外经历能在一定程度上抑制企业盈余管理等不良行为，从而有利于资本市场的健康发展，这为我国政府部门重视海外人才及制定海外人才优惠政策提供了微观数据的支持。另一方面，政府在出台相关政策以吸引海外人才回国发展的同时，还需要着力推进市场化改革，减少政府对经济的不恰当干预，以提高企业管理人员的自主权，从而为海外人才营造一个良好的发展环境。

第六章 审计师的国际工作经验对审计质量的影响

第一节 问题的提出

作为个人审计师，通常而言会具有不同的信念、偏好、经验、能力和技能。但现有文献中，部分文献考察了审计师的任期时间、行业经验以及行业专业化等方面的差异对审计质量的影响，而只有少数研究集中于审计师个人特征的异质性（如 Carey 和 Simnett，2006；Chen 等，2010；Kallunki 等，2009）。本章主要考察在中国审计行业中，具有国际工作经验（International working experience，IWE）的审计师如何影响审计质量。

过去十年中，国际人才的回流现象，特别是在新兴市场中频频发生（Giannetti 等，2015）。已有的研究发现，移居国外或在海外学习或工作的人才最终会回到自己的国家，并带回丰富的在海外国家中积累的知识经验和技能。在这些例子中，这些从海外归国的人才为自己的国家提供了"人才回流"效应（Kerr，2008；Beine 等，2008；Giannetti 等，2015）。本章通过考察国际四大会计师事务所，审计师的国际工作经验如何影响审计质量，以从审计领域为"人才回流"这一现象提供经验证据。

审计师在参与上市公司的审计过程中会积累各种不同的经验。以往的研究将个人的经验作为构成人力资本的一个重要维度（Becker，1993）。例如，Danos 等（1989）研究发现，审计师在面临审计工作中的问题时，倾向于咨询同一办公室内的同行。因此，工作经验能够为审计师提供获取专业知识的机会，从而帮助其在以后的工作中能够发现财务报表中存在的重大问题。此外，鉴于审计师能够从被审计的公司之间进行转换，因此通过不同工作经验的审计师会通过不同的能力和技能来发现企业财务报表中存在的重大问题。从这个角度而言，我们认为审计师在工作经验上的差异会对他们的审计质量产生影响。

一般而言，移居国外的优秀人才能够通过在海外的教育或者工作经历积累知识经验，因此，具有国际审计经验的审计师也能够凭借其在海外获得的专业知识经验来克服不同国家间的制度性差异，从而提高审计质量。此外，国际审计经验还能够帮助审计师了解到更复杂的运营状况，并有助于其判断与会计相关的交易活动。因此，我们试图考察具有国际工作经验的审计师是否会比仅具有国内工作经验的审计师能提供更高的审计质量。

我们通过手工搜集整理中国审计事务所内审计师有关国际审计经验的信息。根据中国注册会计师协会（CICPA）的资料，2013 年中国最大的 100 家审计公司的审计总收入达到 348 亿元人民币，这使得中国审计行业的市场总额位居世界前列。尽管在美国，有关上市公司审计师的相关信息并未公开披露，但在中国，上市公司必须在其审计报告中披露所聘用的审计师以及审计师事务所的相关信息，从而能够具体获得审计师的个人特征。该数据能够让我们能够从审计师个人的角度来分析审计师的个人经验对审计质量的影响。

在本章中，我们主要通过使用混合 OLS 模型来检验具有国际工作经验的审计师对审计质量的影响，结果发现，审计师的国际工作经验确实能够影响审计质量。具体而言，具有国际工作经验的审计师可以减少企业的应计盈余管理、线下项目以及审计报告的激进程度，同时增加审计费用，这些因素通常能够用于衡量审计师的努力水平。我们还进行了一系列稳健性检验，得到的结论仍然是一致的。

然而，审计师的国际工作经验可能还反映了审计师个人的其他特征。例如，可能有某种不可观测的因素使得某些审计师比其他审计师能够获得更多的国际工作经验。为了解决潜在的内生性问题，我们手工搜集整理了有关审计师个人特征的相关信息,并运用主成分分析法构造指标来作为审计师其他特征的代理测度。此外,鉴于交叉上市的公司在市场经济更发达的地区可能会有更好的披露机制,同时由于这些公司要受到双重审计,因此可能具有较高的财务报告质量(Lang 等,2003)。为了排除这种潜在影响,我们还控制了同时发行 B 股或 H 股的上市公司的影响,结果仍然是一致的。

我们还尝试缓解潜在的自选择问题,即具有国际工作经验的审计师可能会更加偏好选择审计质量更好的企业作为客户。为了排除自选择问题产生的可能影响,我们采用倾向性得分匹配法(PSM)进行一比一匹配,Peel 和 Makepeace(2012)也强调了 PSM 方法在审计研究中的重要性。在我们进行匹配后得到的样本中,具有国际工作经验的审计师和与之配对的审计师在获得国际工作经验的事前概率是相似的。使用匹配后的样本,我们重新对模型进行估计,仍然得到了一致的结果。

此外,我们还考察了企业 CFO 的海外经历以及审计师参与审计时的不同角色会如何影响具有国际工作经验的审计师与审计质量之间的关系。结果表明,具有海外经历 CFO 的企业,在面临具有国际工作经验的审计师时,其财务报告质量会变得更加保守。参考 Lennox,Wu 和 Zhang(2014)的研究,我们根据审计师在审计过程中的角色对审计人员进行分类,并发现审计合伙人的国际工作经验在影响审计质量方面发挥了至关重要的作用。具体而言,具有国际经验的审计合伙人能够提供更高的审计质量,包括较低的应计盈余管理、较少的线下项目以及更低的审计报告的激进程度。然而,项目合伙人会要求更高的审计费用。

另外,我们还检验了证券分析师是否能够从具有国际工作经验的审计师审计的财务报告中获益,结果表明,这类财务报告有利于分析师提供更准确的盈利预测以及更低的预测偏误。

本章的贡献主要体现在以下几个方面。首先,我们的结论表明,具有国际工作经验的人才在回到母国后能够带来更多的经验知识和技能,这一发现实际上支持了 Giannetti 等(2015)在审计领域的结论。而且,本章是利用中国的独特数据展开的研究，这对于其他新兴国家而言也有重要的政策含义。

其次，以往关于审计师专业化与审计质量之间关系的研究，大多是基于审计师行业专业化、行业专业知识或审计经验（如 Payne，2008；Krishnan，2003；Balsam，Krishnan 和 Yang，2003；Lim 和 Tan，2008；Kwon，Lim 和 Tan，2007；Mascarenhas，Cahan 和 Naiker，2010）。然而，在本章中，我们主要关注审计师知识积累这一维度，即审计师在不同会计或审计制度下积累的工作经验和技能。从这个角度而言，我们实际上从一个新的角度来对已有关于审计师技能对审计质量的影响的文献进行了补充。

再次，本章对审计师专业判断方面的相关文献进行了补充。审计师对会计准则的了解以及他们对会计信息公平披露的理解，为其良好的专业判断奠定了重要基础。在这方面，审计师的专业判断取决于他们的知识、技能、能力和激励以及环境（Einhorn 和 Hogarth，1981）。我们除了引入审计师的国际工作经验这样一个新的角度，同时也使用实证数据对 Libby 和 Luft（1993）以及 Tan（1995）的发现进行了补充。

最后，据我们所知，本章是首次研究了四大会计师所内是否具有国际工作经验的审计师的影响差异。Gul 等（2013）研究了审计师个人特征对审计质量的整体效应。而我们通过具体地将审计师的国际工作经验作为影响审计师个人审计质量的一个变化来源，能够拓展他们的发现。此外，本章还分析了具有国际工作经验的审计师和有海外经历的 CFO 对审计质量的影响。有关 CFO 的研究文献表明，CFO 对公司财务报告有着较大的控制权。尽管有文献讨论过审计师和 CFO 之间的关系，本章发现，如果具有国际工作经验的审计师对公司进行审计，那么具有海外经历的 CFO 会变得更加保守。

我们的研究为当前的政策制定者和监管者都提供了重要的政策含义。研究表明具有国际工作经验的审计师能够提供更好的审计服务，这可以促使政策制定者判断和发现提供不同审计服务的审计师。本章还为审计人员的异质性提供了证据。鉴于审计师的影响会反映到他们的审计质量中，因此财务报表中披露的参与审计的审计人员的背景信息能够在一定程度上提供关于审计质量的信息。

本章的其余部分安排如下：第二节回顾了相关文献并提出了假说；第三节介绍数据的主要变量、来源和描述性统计；第四节讨论了研究设计并提出了实证结果；第五节研究了具有国际工作经验的审计师对分析师预测准确性及预测偏误的影响；第六节总结全章。

第二节 制度背景、文献回顾与假说

一、制度背景

20世纪80年代初，中国开始引入审计职业，该行业在随后迅速发展。在1998年以前，除了跨国公司，几乎所用中国的审计师事务所都是隶属于政府部门的（DeFond 等，1999），这可能会损害审计结果的独立性，特别是针对政府控制的公司所进行的审计。在1998年，中国发起了一项计划，要求审计师事务所从政府或大学中独立出来（Gul 等，2009）。而且在此以后，在中国设立的审计师事务所必须至少要有55位注册会计师（CPA），并要求获得中华人民共和国财政部和中国证券监督管理委员会颁布的特殊执照。

我国的审计市场呈现高度分散化的特征。例如，世界上最大的10家审计师事务所仅对我国20%~30%的上市公司进行审计（Wang 等，2008），但国际四大审计师事务所却占据了市场份额总额的86.2%（按被审计企业的总资产来进行计算）。此外，中国的审计准则中要求企业聘用的审计师在审计报告上签名，以表明其承担的审计责任。每一份审计报告通常有两名审计师进行审核并签字，分别是执行审核工作的审计合伙人（reviewer partner）和项目合伙人（engagement partner），签字的审计师可能是合伙人或者高级管理人员。这种独特的制度安排使得我们能够获取签字审计师的个人信息，从而在控制审计师的其他个人特征的同时，考察其国际工作经验是否会对审计质量产生显著影响。

二、文献回顾

(一) 国际工作经验

以往的研究表明，移居国外或在海外学习或工作的人才最终会回到自己的国家，并带回丰富的在海外国家中积累的知识经验和技能，这种现象被称为"人才回流"效应。Mountford（1997）发现，移民可能能够永久性地提高母国的平均生产水平。Kerr（2008）进一步指出，从较贫穷国家选择移居国外的高人力资本的人才，一方面可能导致消极的"人才外流"效应，另一方面可能通过将国外积累的知识转移至国内而产生积极的"人次储备"效应。Beine 等（2008）使用来自 127 个国家的横截面数据，发现技术移民的前景对人力资本总量形成正面影响。

在公司层面，de la Tour 等（2011）以及 Luo 和 Yu（2012）发现具有海外经历的高管有利于促进企业的技术进步和发展。Giannetti 等（2015）进一步发现，具有海外经历的董事能够对企业的政策、公司治理水平以及业绩产生积极影响。本章则主要考察具有国际工作经验的审计师对其审计质量会有何种影响。

(二) 审计质量

已有文献大多是从审计师事务所的层面研究不同国家或市场中审计质量（如 Francis 和 Krishnan，1999；Krishnan，2005；Low，2004；Reynolds 和 Francis，2000）[①]，包括英国（Abidin 等，2010）。由于审计质量是一个关系到审计师能力和独立性的产物，因此审计质量又取决于审计师发现企业违反会计准则的能力以及报告此类违规行为的动机（Gul 等，2013）。同时，审计师事务所层面的因素也会影响审计质量（Gul 等，2013）。Reynolds 和 Francis（2000），Krishnan（2005）以及 Francis 和 Yu（2009）均发现四大会计师事务所中的审计师事务所较大的通常审计质量也较高，他们将这归

[①] Francis（2004）提供了一个有关该话题的详细综述。

因于较大的审计师事务所内部具有高水平的专业知识。

DeFond 和 Francis（2005）在其一篇评述的文章中指出，对研究质量的研究分析必须从审计师事务所层面转移到审计师个人层面。类似地，Church 等（2008）也建议有更多的研究来分析和证明审计师的个人特征与审计报告的质量之间是否存在系统性联系。本章主要研究从近期国际人才回流的趋势出发，考察审计师的个人特征对审计质量的影响。尽管有部分文献在分析审计质量的影响因素时，已经从审计师事务所层面扩展到审计师个人层面，例如审计师任期、经验年限和行业专业化差异等方面（Carey 和 Simnett，2006；Kallunki 等，2009），但总体而言，相关研究仍然较为缺乏，特别是对于审计师个人的异质性。Chen 等（2010）利用中国数据分析了经济依赖性对独立审计师层面的审计质量产生的影响，并发现投资者保护力度会对客户重要性与审计师独立性的关系产生影响。Gul 等（2013）使用来自中国的独特数据考察了审计师个人层面的特征是否以及如何影响的审计质量，他们发现审计师个人层面的特征信息对审计质量的影响在经济和统计上都具有十分显著的意义。

三、提出假说

在审计事务所或审计事务所/分支机构内，独立审计师的参与程度可能不尽相同。事实上，参与审计的独立审计师在审计过程的不同阶段与上市公司打交道的经历也是不同的。正因为这样，经验便成为人力资本的一个重要维度（Becker，1993）。Danos 等（1989）研究发现，审计师在面临审计工作中的问题时，倾向于咨询同一办公室内的同行。因此，工作经验能够为审计师提供获取专业知识的机会，从而帮助其在以后的工作中发现财务报表中存在的重大问题。

已有研究表明，审计师个人的工作经验会影响到审计师的行为。Bowlin，Hales 和 Kachelmeier（2009）研究了审计师的工作经验对个人职业行为的影响，他们发现具有审计工作经验的 CFO 比没有经验的 CFO 更保守。Giannetti 等（2015）利用中国的独特数据发现，具有海外经历的董事可以利用他们在海外积累的专业知识来提高企业的公司治理水平和业绩。本章着重考察具有国际工作经验的审计师与审计质量之间的关系。与 Giannetti 等（2015）的研究相似，我们预计审计师个人的国际工作经验能够显著提高他们的审计质量。

由于审计质量可能受到中国会计制度的影响（Ke 等，2015），但对于在制度环境较强的国家中积累工作经验的审计师而言，他们可能具有更高的独立性，而且在监管企业方面能够做得更好。考虑到依据海外的优秀人才能够不断积累经验知识（Saxeniank，2006），在国外获得专业知识和工作经验的审计师可以改善他们提供的审计服务，并有利于他们克服制度带来的阻碍，从而提高审计质量。

此外，在国际工作的审计师通常会接受专业的审计培训，并遵循国际审计师事务所的高审计标准和严格的审计程序，从而提高其专业能力。因此，国际审计经验还能够帮助审计师了解到更复杂的运营状况，有助于其判断与会计相关的交易活动。

因此，我们提出本章如下假说：

H1：在其他条件都不变的情况下，具有国际工作经验的审计师会比没有国际工作经验的审计师提供更高的审计质量。

第三节 样本、变量定义和描述性统计

一、数据来源

我们选取了 2001~2012 年由国际四大会计师事务所进行审计的中国 A 股上市公司作为研究样本。由于财务报表存在差异，我们排除了金融行业的上市公司，并通过不同途径获取数据。首先，我们从财政部的官方网站手动搜集整理了审计师个人的国际工作经验信息①，从该网站中，我们还

---

① http://kjs.mof.gov.cn

获取了有关审计师个人的其他相关信息，例如审计师获得专业认证（CPA）的年限以及他们从事审计工作的年数。参考 Gul 等（2013），我们还从 CICPA 的官方网站搜集了审计师的个人背景信息（如性别、年龄和教育程度），在搜集过程中，我们将每位审计师的全名作为字段进行搜索，然后将搜索结果与审计师事务所和从上市公司财务年报中搜集的审计师数据进行匹配。

上市公司的行业及财务信息和审计师事务所的相关数据均来自 CSMAR，此外，我们还根据上市公司的最终控制人特征将上市公司分为国有企业和非国有企业。表 6 – 1 列出了主要变量的定义。

表 6 – 1　　　　　　　　　　　变量定义

Variable	变量定义
|DACC|	DACC 的绝对值，使用修正的 Jones 模型进行估计得到
ARAgg	审计报告的激进程度，参考 DeFond 等（1999）计算得到
BL	线下项目，定义为投资净利润、其他业务收入以及非经营性利润之和，并除以期初和期末的平均资产
Ln（Fees）	审计费用的自然对数值
International	虚拟变量，若企业被具有海外工作经历的审计师审计，则取值为 1，否则为 0
Ln（International years）	审计师海外工作经历年数加 1 的自然对数值
Ln（International years min）	当企业被两个具有海外经历的审计师审计时，取该审计团队中较短的海外工作经历年数加 1，再取自然对数值
Ln（International years mean）	当企业被两个具有海外经历的审计师审计时，取该审计团队中的平均海外工作经历年数加 1，再取自然对数值
Ln（International years reviewer）	审计合伙人海外工作经历年数加 1 的自然对数值
Ln（International years engagement）	项目合伙人海外工作经历年数加 1 的自然对数值
Ln（International years continue）	根据在 A 股市场连续工作年数调整计算的审计师海外工作经历

续表

Variable	变量定义
Ln（International years missing）	根据失踪年数调整计算的审计师海外工作经历
Loss	虚拟变量，若企业当年亏损，则取值为1，否则为0
Size	总资产的自然对数值
Leverage	资产负债率
Ln（Age）	企业上市年龄的自然对数值
Ln（OCF）	经营现金流除以期初期末总资产均值的自然对数值
Growth	企业的销售增长率
SOE	虚拟变量，若企业为国有企业，则取值为1，否则为0
International CEO	虚拟变量，若企业CEO具有海外经历，则取值为1，否则为0
International CFO	虚拟变量，若企业CFO具有海外经历，则取值为1，否则为0
$PSize_{af}$	审计师事务所的客户组合规模，定义为 $\sum_{i=1}^{n} Size_i$，其中 $Size_i$ 是企业 i 总资产的自然对数值，n 是该审计师事务所当年审计企业的数目
$PSize_{ia}$	审计师的客户组合规模，定义为 $\sum_{k=1}^{m} \sum_{i=1}^{l} Size_i$，其中，$i$ 为审计师 k 当年审计的企业数目，m 为在审计报告上签字的审计师数目
$Tenure_{af}$	审计师事务所审计企业的年数
$Tenure_{ia}$	签字审计师审计企业的年数
CI_{af}	审计师事务所层面的客户重要性
CI_{ia}	审计师层面的客户重要性
MAO	虚拟变量，若企业收到非标准审计意见，则取值为1，否则为0
Interim	虚拟变量，若企业的半年度报告经过审计，则取值为1，否则为0
International Education	虚拟变量，如果企业由至少一名具有海外教育经历的审计师进行审计，则取值为1，否则为0

续表

Variable	变量定义
Education	签字审计师的平均受教育程度,其取值对应硕士及以上学位、学士学位以及无学士学位分别为3,2,1
Auditor Age	签字审计师的平均年龄
CPA Experience	签字审计师的获得注册会计师证书后的平均工作年数
Female	虚拟变量,如果企业由至少一名女性审计师进行审计,则Female取值为1,否则为0
Major	虚拟变量,如果企业由至少一名具有会计或金融学学位的审计师进行审计,则取值为1,否则为0
Auditor Characteristics	审计师个人特征的第一主成分指数,包括是否有海外教育经历、教育程度、CPA经历、是否女性、是否金融会计相关专业
ROA	资产收益率
ISSUE	虚拟变量,若企业当年增发股票则取值为1,否则为0
LLOSS	虚拟变量,若企业在上一年度亏损则取值为1,否则为0
GEO	省份市场化指数的自然对数值
OWNER	第一大股东持股比例
CROSSLIST	虚拟变量,若企业发行B股或H股则取值为1,否则为0
AFA	分析师预测精度,定义为分析师预测EPS减去实际EPS的绝对值的平均值,再除以年末股票收盘价
AFD	分析师预测偏误,定义为分析师预测EPS的标准差除以年末股票收盘价格
ZScore	企业的财务状况,根据修正的Z-score(Altman, 1968)计算得到
UE	未预期盈余收益,定义为当年和去年EPS差值的绝对值除以去年EPS的绝对值
VAREARN	公司过去三年EPS的标准差
HORIZON	分析师预测公告日与实际盈余披露日期平均间隔天数的自然对数值
NANA	分析师跟踪人数的自然对数值
EL	每股收益

二、主要变量

（一）审计师的国际工作经验

本章主要考察具有国际工作经验的审计师对审计质量的影响。通过从财政部官网进行手工搜集整理的审计师个人相关信息来判断其是否具有国际工作经验。具体而言，我们从财政部的公告中获得关于审计师的个人信息，包括审计师的姓名、获得专业认证（CPA）的年份以及从事审计工作的时间。以普华永道会计师事务所的审计师 Yang Shaoxin 为例，他有超过10年的审计工作经验，其中包括5年的国内工作经验。根据该信息，我们判断其至少具有5年的国际工作经验。同时，根据此判断标准，我们进一步确定每一个审计师是否具有国际工作经验。

在我国，审计准则要求审计师需要在审计报告上签署名字（MOF，1995a，1995b），每份报告通常有两名审计师签字。对于每个被审计的企业，我们构造虚拟变量 $International$，定义为如果企业由至少一位具有国际工作经验的审计师进行审计，则取值为1，否则为0[①]。

我们还构造了连续变量 $Ln(International\ years)$，定义为审计师国际工作经验的年数加1再取自然对数值。以刚才的 Yang Shaoxin 为例，考虑到他具有5年的国际工作经验，因此 $Ln(International\ years)$ 的取值为 $\ln(5+1)$。对于该指标，如果参与企业审计的两名审计师都拥有国际工作经验，则选用较长的工作经验年数来进行计算。

（二）审计质量

参考 DeFond 和 Zhang（2014），审计质量可以通过审计过程中的投入和产出两个方面来进行衡量。因此，我们考虑将应计盈余管理、线下项目以及审计意见的激进程度作为衡量产出方面的审计质量。同时，考虑到我们研究的样本是四大会计师事务所进行审计的企业样本，因此选择将审计

[①] 我们也使用了更严格的标准，即如果企业由两名具有国际工作经验的审计师进行审计，则取值为1，否则为0，得到的结果是一致的。

费用作为投入方面的审计质量的代理测度,以衡量审计师的努力程度。

由于同时考虑了投入和产出两方面的指标来衡量审计质量,这些指标能够相互补充,且基于不同指标得到的结论能够有助于综合理解审计师的国际工作经验如何对审计质量产生影响(DeFond 和 Zhang,2014;Goodwin 和 Wu,2016)。

1. 应计盈余管理(DACC)

参照已有研究,我们使用 DACC 的绝对值来衡量企业应计盈余管理的程度。考虑到采用 Jones(1991)模型中的传统指标解释力较弱,我们基于业绩调整的应计模型来计算应计盈余管理指标(Kothari 等,2005),计算过程如下:

$$\frac{TACC_{i,t}}{TA_{i,t-1}} = \alpha + \beta_1\left(\frac{1}{TA_{i,t-1}}\right) + \beta_2\left(\frac{\Delta REV_{i,t}}{TA_{i,t-1}}\right) + \beta_3\left(\frac{PPE_{i,t}}{TA_{i,t-1}}\right) + \beta_4 ROA + \varepsilon_{i,t} \quad (6-1)$$

其中 TACC 表示企业的总应计,即用扣除非经常项目前的净利润减去经营现金流计算得到;TA 表示企业的总资产;ΔREV 表示收入的变化;PPE 表示固定资产总值;ROA 表示资产回报率。

在估计模型(6-1)时,同时也控制了年度和行业固定效应①,然后将根据模型(6-1)估计得到的系数计算 DAAC,方法如下:

$$DA_{i,t} = \frac{TACC_{i,t}}{TA_{i,t-1}} - \left[\hat{\alpha} + \hat{\beta}_1\left(\frac{1}{TA_{i,t-1}}\right) + \hat{\beta}_2\left(\frac{\Delta REV_{i,t} - \Delta REC_{i,t}}{TA_{i,t-1}}\right) + \hat{\beta}_3\frac{PPE_{i,t}}{TA_{i,t-1}} + \hat{\beta}_4 ROA\right] \quad (6-2)$$

其中 ΔREC 表示应收账款的变化。在之后的分析中,我们使用 DA 的绝对值、正值和负值分别作为企业 DACC 的代理变量。当 DAAC 的绝对值越大时,审计质量越差。同时正向 DAAC 取值越大,或负向 DAAC 取值越小时,也均表示审计质量较差。

2. 线下项目(BL)

线下项目(BL)通常是指企业损益表中营业利润以下的项目,即非核

---

① 由于我们样本中的企业数量有限,我们没有逐年对每个行业进行横截面回归分析。我们根据中国证监会行业分类的前两位代码作为行业划分标准。

心收益。与经常性的收益不同，线下项目大多都是偶然性的。已有研究将企业的线下项目作为其进行盈余管理的工具之一（Bartov，1993；Herrmann 等，2003）。Walsh，Craig 和 Clarke（1991）基于澳大利亚的数据也发现了相同的结论。在中国，Chen 和 Yuan（2004）发现，当企业的经营净资产收益率低于配股资格时（如低于10%），他们有更高的非营利性利润以满足配股资格。此外，线下项目的交易通常还可能是关联交易（Gul 等，2013）。参考 Gul 等（2013），我们将线下项目定义为投资净利润、其他业务收入以及非经营性利润之和，并除以期初和期末的平均资产。线下项目（BL）的取值越高，表明审计质量越低。

3. 审计报告的激进程度（$ARAgg$）

非标准审计意见包括带强调事项段的无保留意见、保留意见、否定意见和无法表示意见。参考已有研究（DeFond 等，1999；Gul 等，2013），我们计算了审计报告的激进程度指标 $ARAgg$。首先，我们构造虚拟变量 MAO，定义为如果企业收到非标准审计意见则取值为1，否则为0。其次，使用 Logit 模型估计企业收到非标准审计意见的概率，其解释变量主要包括速动比率（即现金、短期投资、应收票据和应收账款的总和除以流动负债）、应收账款占比、存货占比、其他应收账款占比（各账户期末余额除以总资产）、资产收益率、企业当年是否亏损虚拟变量、资产负债率、企业规模和企业年龄。最后，根据证监会的行业分类控制行业固定效应，并逐年进行 Logit 模型估计得到企业收到非标准审计意见的概率。在得到企业收到非标准审计意见的概率之后，进一步按照如下公式计算 $ARAgg$：

$$ARAgg = Predicted\ opinion - Actual\ opinion \qquad (6-3)$$

其中，如果企业收到非标准审计意见，则实际意见（*Actual opinion*）取值为1，否则为0。$ARAgg$ 的取值越大，表明审计师发布非标准审计意见的倾向越低于预测值（Gul 等，2013）。

4. 审计费用

根据 DeFond 和 Zhang（2014）提到的"审计费用通常被用来代表审

计质量，因为它们被认为可以衡量审计师的努力水平，这是对审计过程中与审计质量直接相关的一种投入。"因此，参考现有研究（Guan等，2016），我们使用审计费用的自然对数（Ln（Fee））来衡量审计质量，Ln（Fee）的取值越大，表示审计师的努力水平越高、审计质量越高。

（三）控制变量

正如现有研究（Chan等，2006；Wang等，2008；Dechow等，2010）所建议的，企业的财务特征和最终所有权可能会影响其财务报告质量。因此，我们选取了反映企业特征的一系列变量，包括企业是否亏损虚拟变量（Loss）、企业规模（Size，用总资产的自然对数衡量）、资产负债率（Leverage）、上市年龄（Ln（Age），公司上市年数的自然对数）、经营现金流量（Ln（OCF），经营性现金流量的自然对数除以期初和期末总资产的平均值）、企业销售额的增长率（Growth）、企业所有权类型（SOE）（若为国有企业，则取值为1，否则为0）、International CEO（如果企业拥有具有海外经历的CEO，则取值为1，否则为0）以及International CFO（如果企业拥有具有海外经历的CFO，则取值为1，否则为0）[①]。

同时，参考Gul等（2013），我们还控制了审计师的个人特征。我们计算了审计师规模（PSize）、任期（Tenure）以及从审计师事务所层面和审计师个人层面分别计算企业的相对重要性（CI，分别用下标AF和IA表示）。当使用审计费用作为因变量时，按照Guan等（2016）所建议的，我们还控制了半年度报告是否经过审计的虚拟变量（Interim），以及企业是否收到非标准审计意见虚拟变量（MAO）。表6-1已经给出了控制变量的详细定义。

三、描述性统计

表6-2列出了主要变量的描述性统计。我们对所有连续变量在1%和

[①] 为了进一步排除具有海外经历的CEO或CFO的可能影响，我们还剔除了International CEO或International CFO等于1的样本，这使得我们剔除了127个样本。在剔除该类样本后，我们重新进行了估计，结果一致。

99%分位数上进行缩尾处理,以缓解异常值带来的潜在影响。在 Panel A 中,线下项目 BL 的均值为 0.014,与 Gul 等(2013)的研究一致。而审计费用 Ln(Fee)的均值为 14.391,与 Guan 等(2016)的研究相似。

Panel B 报告了关键解释变量的描述性统计,在我们的样本中,大约有 62.4% 的企业被至少一名具有国际工作经验的审计师审计。Ln(International years)的均值为 0.691,表明审计师具有的平均国际工作经验约为 1 年[①]。

Panel C 报告了控制变量的描述性统计。其中,审计师规模以及客户重要性等指标的均值与 Gul 等(2013)基本一致。在审计师个人特征方面,约有 6.2% 的样本企业被具有海外教育经历的审计师审计,而大多数审计师都有学士学位;约 70% 的企业由至少一名女性审计师审计,约 2/3 的企业样本由至少一名获得会计或金融学位的审计师审计。

表 6 – 2　　　　　　　　　描述性统计

Variable	Obs.	Mean	Std. Dev.	25th Percentile	Median	75th Percentile
Panel A: Dependent variables						
|DACC|	988	0.051	0.043	0.017	0.041	0.071
ARAgg	1013	−0.008	0.143	0.002	0.006	0.019
BL	1032	0.014	0.023	0.002	0.007	0.020
Ln (Fee)	958	14.391	1.113	13.592	14.263	15.068
Panel B: Treatment variable						
International	1032	0.624	0.485	0.000	1.000	1.000
Ln (International years)	1032	0.691	0.540	0.000	1.099	1.099
Panel C: Control variables						
Loss	1032	0.067	0.250	0.000	0.000	0.000
Size	1032	22.963	1.564	21.776	22.764	23.936
Leverage	1032	0.490	0.190	0.356	0.493	0.629

① $e^{0.691} - 1 \approx 1.00$。

续表

Variable	Obs.	Mean	Std. Dev.	25th Percentile	Median	75th Percentile
$Ln\,(Age)$	1032	2.076	0.610	1.792	2.197	2.485
$Ln\,(OCF)$	1032	-1.795	2.271	-2.914	-2.268	-1.775
$Growth$	1032	0.197	0.319	0.024	0.155	0.314
SOE	1032	0.780	0.414	1.000	1.000	1.000
$International\ CEO$	1032	0.083	0.277	0.000	0.000	0.000
$International\ CFO$	1032	0.063	0.243	0.000	0.000	0.000
$PSize_{af}$	1032	762.617	324.218	480.181	802.561	980.893
$PSize_{ia}$	1032	122.616	70.938	69.730	105.021	153.156
$Tenure_{af}$	1032	2.641	2.499	1.000	2.000	4.000
$Tenure_{ia}$	1032	0.978	0.913	0.000	1.000	1.500
CI_{af}	1032	0.038	0.023	0.023	0.028	0.050
CI_{ia}	1032	0.255	0.139	0.145	0.213	0.335
MAO	1032	0.032	0.176	0.000	0.000	1.000
$Interim$	1032	0.053	0.225	0.000	0.000	1.000
$International\ Education$	1032	0.062	0.241	0.000	0.000	0.000
$Education$	1032	2.088	0.437	2.000	2.000	2.500
$Auditor\ Age$	1032	36.832	3.740	34.500	36.000	39.000
$CPA\ Experience$	1032	8.369	3.275	6.000	8.500	10.500
$Female$	1032	0.700	0.459	0.000	1.000	1.000
$Major$	1032	0.575	0.495	0.000	1.000	1.000

表6-3根据企业样本是否雇佣具有国际工作经验的审计师进行分组比较。在审计质量方面，与没有雇佣国际工作经验的审计师的企业相比，具有国际工作经验的审计师进行审计的企业样本有较低的应计盈余管理（｜$DACC$｜）、审计报告的激进程度（$ARAgg$）以及线下项目（BL）值。同时，后者在审计费用方面要高于前者，表明具有国际工作经验的审计师在审计过程中付出了更多的努力，而对于其他企业层面或审计师个人层面的特征变量，总体上没有呈现出显著差异。

表 6-3 单变量检验

Variable	Non-International (Obs=388) Mean	Median	International (Obs=644) Mean	Median	T-test p-value	Wilcoxon test p-value
Audit quality measure						
|DACC|	0.055	0.044	0.049	0.039	0.045	0.035
ARAgg	-0.004	0.008	-0.011	0.006	0.411	0.054
BL	0.019	0.012	0.012	0.006	0.000	0.000
Ln(Fee)	14.209	13.989	14.499	14.403	0.000	0.000
Firm characteristics						
Loss	0.067	0.000	0.067	0.000	0.988	0.988
Size	22.769	22.440	23.080	22.870	0.002	0.001
Leverage	0.474	0.491	0.499	0.502	0.037	0.062
Ln(Age)	2.032	2.197	2.102	2.197	0.074	0.075
Ln(OCF)	-1.969	-2.381	-1.691	-2.221	0.057	0.021
Growth	0.188	0.147	0.202	0.165	0.508	0.169
SOE	0.732	1.000	0.809	1.000	0.004	0.004
International CEO	0.080	0.000	0.085	0.000	0.757	0.757
International CFO	0.067	0.000	0.061	0.000	0.680	0.680
$PSize_{af}$	683.469	729.964	810.302	853.043	0.000	0.000
$PSize_{ia}$	124.444	111.409	121.514	98.011	0.521	0.132
$Tenure_{af}$	2.515	2.000	2.717	2.000	0.209	0.146
$Tenure_{ia}$	1.073	1.000	0.920	1.000	0.009	0.004
CI_{af}	0.042	0.030	0.036	0.026	0.000	0.000
CI_{ia}	0.247	0.203	0.260	0.237	0.170	0.080
MAO	0.031	0.000	0.033	0.000	0.882	0.882
Interim	0.062	0.000	0.048	0.000	0.342	0.342
Auditor characteristics						
International Education	0.000	0.000	0.099	0.000	0.000	0.000
Education	2.050	2.000	2.111	2.000	0.030	0.022
Auditor Age	37.133	36.000	36.651	36.000	0.045	0.748
CAP Experience	8.271	8.500	8.429	8.000	0.453	0.858
Female	0.693	1.000	0.703	1.000	0.732	0.731
Major	0.608	1.000	0.554	1.000	0.090	0.090

第四节 实证结果

一、主要结果

我们使用如下模型来估计具有国际工作经验的审计师对审计质量的影响：

$$Audit\ Quality_{i,t} = \alpha + \beta_1 Ln(International\ years)/International_{i,t} + \beta_n Control_{i,t} + FixedEffects + \varepsilon_{i,t} \tag{6-4}$$

其中，$Audit\ Quality$ 包括应计盈余管理（$DACC$）、线下项目（BL）、审计报告的激进程度（$ARAgg$）和审计费用（$Ln（Fee）$）。模型（6-4）中的关键自变量包括 $Ln（International\ years）$ 和 $International$。我们预期当因变量为 $DACC$ 取绝对值或正值、BL 以及 $ARAgg$ 时，β_1 为负，而当 $DACC$ 取负值以及 $Ln（Fee）$ 作为因变量时，β_1 为正。$Control$ 代表了影响审计质量的一系列控制变量。在上述回归模型中，我们同时控制了行业和年份固定效应，t 统计量是基于 Huber-White 的标准误差计算得到的（Huber，1967；White，1980）。

表6-4列出了主要回归的结果，其中，前三列报告了具有国际工作经验的审计师对企业应计盈余管理（$DACC$）的影响。当使用 $DACC$ 的绝对值作为因变量时，$Ln（International\ years）$ 的系数显著为负。而将样本根据 $DACC$ 的取值进一部分分成正向和负向两组后，我们发现具有国际工作经验的审计师能够同时降低企业的正向盈余管理和负向盈余管理行为。

表6-4的后三列结果表明，具有国际工作经验的审计师能够显著降低企业的线下项目（BL）和审计报告的激进程度（$ARAgg$），并与审计费用之间有显著的正相关关系。具有国际工作经验的审计师有机会在海外积累专业知识（Giannetti 等，2015），这些知识能够提高他们的技能。同时，国际化的人才通常会具备在跨国公司中进行审计的工作经验，这有助于审计师对会计准则有更加深刻的理解。因此，具有国际工作经验的审计师能够

对企业的审计质量和财务报告质量产生积极影响,从而支持了本章假说 H1。

表6-4 具有国际工作经验的审计师对审计质量的影响:主要结果

Variables	DACC			BL	ARAgg	Ln(Fee)
	|DACC|	Positive	Negative			
Ln(International years)	-0.007***	-0.011***	0.005**	-0.003***	-0.014*	0.107***
	(-2.68)	(-2.66)	(2.03)	(-2.59)	(-1.69)	(2.91)
Loss	0.020***	-0.011	-0.024***	-0.006*	-0.045	0.086
	(3.01)	(-0.92)	(-3.29)	(-1.86)	(-1.38)	(1.10)
Size	-0.002	-0.004	0.001	-0.001	0.016***	0.476***
	(-1.24)	(-1.57)	(0.39)	(-1.08)	(2.64)	(22.10)
Leverage	-0.018*	-0.033**	0.009	-0.016***	-0.083*	0.825***
	(-1.94)	(-2.27)	(0.73)	(-3.00)	(-1.76)	(5.93)
Ln(Age)	0.006**	-0.005	-0.009***	0.006***	-0.005	-0.177***
	(2.14)	(-1.01)	(-3.30)	(5.30)	(-0.79)	(-4.35)
Ln(OCF)	0.005***	0.005***	-0.014***	0.000	-0.003	-0.013
	(7.10)	(7.86)	(-4.34)	(0.17)	(-0.79)	(-1.53)
Growth	0.015***	0.025***	-0.006	-0.001	0.036**	-0.043
	(2.93)	(3.41)	(-0.99)	(-0.30)	(2.40)	(-0.80)
SOE	0.000	0.000	-0.002	0.001	0.022	-0.102*
	(0.13)	(0.01)	(-0.60)	(0.40)	(1.25)	(-1.68)
International CEO	0.002	-0.006	-0.002	-0.006***	-0.007	0.076
	(0.41)	(-0.68)	(-0.28)	(-3.01)	(-0.53)	(0.79)
International CFO	0.005	0.015	-0.002	0.001	0.026**	-0.434***
	(0.79)	(1.02)	(-0.28)	(0.27)	(2.25)	(-3.73)
$PSize_{af}$	0.000***	0.000**	-0.000***	-0.000***	0.000*	-0.000**
	(4.25)	(2.38)	(-3.30)	(-4.37)	(1.79)	(-2.20)
$PSize_{ia}$	0.000**	0.000**	-0.000	-0.000	0.000**	-0.000
	(1.96)	(1.99)	(-0.86)	(-0.56)	(2.55)	(-0.35)
$Tenure_{af}$	-0.000	-0.000	0.001	-0.000	-0.003	0.030***
	(-0.28)	(-0.13)	(1.54)	(-0.52)	(-1.63)	(3.19)
$Tenure_{ia}$	-0.002	-0.004	-0.001	0.000	0.005	-0.000
	(-1.43)	(-1.29)	(-0.55)	(0.17)	(1.10)	(-0.02)
CI_{af}	0.421***	0.650*	-0.351***	-0.123**	0.254	-0.599
	(3.24)	(1.89)	(-2.93)	(-2.55)	(0.83)	(-0.28)
CI_{ia}	0.039**	0.046	-0.030	0.004	0.031	-0.125
	(1.98)	(1.26)	(-1.49)	(0.37)	(0.48)	(-0.43)

续表

Variables	DACC			BL	ARAgg	Ln (Fee)
	|DACC|	Positive	Negative			
MAO						0.177
						(1.33)
Interim						-0.199
						(-1.52)
Constant	0.037	0.034	-0.045	0.032**	-0.511***	3.768***
	(1.20)	(0.67)	(-1.18)	(2.01)	(-3.62)	(6.64)
Fixed Effects	Yes	Yes	Yes	Yes	Yes	Yes
Obs.	988	294	694	1032	1013	958
Adjusted/Pseudo R-squared	0.179	-0.161	-0.097	0.221	0.057	0.719

我们还使用 Ln (International years) 的替代变量来检验上述结果的稳健性。一方面，我们使用虚拟变量 International 来重新检验上述结果。另一方面，考虑到一些企业可能由两位具有国际工作经验的审计师进行审计，故我们选取两名审计师的国际工作年限的均值或较小值来构造变量 Ln (International years mean) 和 Ln (international years min)。我们重复了表6-4中的回归，表6-5报告了该结果，与前文结果一致。

表6-5　具有国际工作经验的审计师对审计质量的影响：替代性指标

Panel A：替代性指标 - International dummy

Variables	DACC			BL	ARAgg	Ln (Fee)
	|DACC|	Positive	Negative			
International	-0.007***	-0.013***	0.006*	-0.004**	-0.016*	0.117***
	(-2.62)	(-2.67)	(1.95)	(-2.55)	(-1.73)	(2.84)
Loss	0.020***	-0.011	-0.024***	-0.006*	-0.045	0.085
	(3.02)	(-0.90)	(-3.29)	(-1.86)	(-1.38)	(1.10)
Size	-0.002	-0.004	0.001	-0.001	0.016***	0.476***
	(-1.24)	(-1.59)	(0.39)	(-1.08)	(2.64)	(22.10)
Leverage	-0.018*	-0.033**	0.009	-0.016***	-0.083*	0.824***
	(-1.94)	(-2.26)	(0.72)	(-3.00)	(-1.76)	(5.92)
Ln (Age)	0.005**	-0.005	-0.009***	0.006***	-0.005	-0.176***
	(2.11)	(-1.03)	(-3.27)	(5.28)	(-0.80)	(-4.32)

续表

Variables	DACC			BL	ARAgg	Ln (Fee)
	|DACC|	Positive	Negative			
Ln (OCF)	0.005***	0.005***	-0.014***	0.000	-0.002	-0.013
	(7.10)	(7.86)	(-4.34)	(0.17)	(-0.79)	(-1.53)
Growth	0.015***	0.025***	-0.006	-0.001	0.036**	-0.043
	(2.93)	(3.42)	(-0.99)	(-0.31)	(2.40)	(-0.80)
SOE	0.001	0.000	-0.002	0.001	0.022	-0.102*
	(0.14)	(0.02)	(-0.61)	(0.41)	(1.26)	(-1.69)
International CEO	0.002	-0.006	-0.002	-0.006***	-0.007	0.076
	(0.41)	(-0.69)	(-0.29)	(-3.00)	(-0.52)	(0.78)
International CFO	0.005	0.015	-0.002	0.001	0.026**	-0.434***
	(0.79)	(1.02)	(-0.28)	(0.27)	(2.25)	(-3.73)
$PSize_{af}$	0.000***	0.000**	-0.000***	-0.000***	0.000*	-0.000**
	(4.22)	(2.38)	(-3.27)	(-4.42)	(1.78)	(-2.17)
$PSize_{ia}$	0.000**	0.000**	-0.000	-0.000	0.000**	-0.000
	(1.98)	(2.00)	(-0.87)	(-0.55)	(2.56)	(-0.36)
$Tenure_{af}$	-0.000	-0.000	0.001	-0.000	-0.003	0.030***
	(-0.29)	(-0.12)	(1.54)	(-0.52)	(-1.62)	(3.19)
$Tenure_{ia}$	-0.002	-0.004	-0.001	0.000	0.005	-0.000
	(-1.42)	(-1.29)	(-0.56)	(0.18)	(1.10)	(-0.02)
CI_{af}	0.418***	0.651*	-0.349***	-0.125**	0.251	-0.558
	(3.23)	(1.90)	(-2.91)	(-2.57)	(0.82)	(-0.26)
CI_{ia}	0.039**	0.046	-0.031	0.004	0.032	-0.130
	(1.99)	(1.27)	(-1.51)	(0.39)	(0.49)	(-0.45)
MAO						0.177
						(1.33)
Interim						-0.198
						(-1.52)
Constant	0.038	0.035	-0.045	0.032**	-0.511***	3.763***
	(1.21)	(0.68)	(-1.18)	(2.02)	(-3.62)	(6.64)
Fixed Effects	Yes	Yes	Yes	Yes	Yes	Yes
Obs.	988	294	694	1032	1013	958
Adjusted/Pseudo R-squared	0.179	-0.162	-0.097	0.221	0.057	0.719

续表

Panel B: 替代性指标 - Ln(International years mean)

Variables	DACC | DACC |	DACC Positive	DACC Negative	BL	ARAgg	Ln(Fee)
Ln(International years mean)	-0.006**	-0.011***	0.005*	-0.003**	-0.015*	0.110***
	(-2.57)	(-2.65)	(1.88)	(-2.57)	(-1.74)	(2.97)
Loss	0.020***	-0.011	-0.024***	-0.006*	-0.044	0.086
	(3.01)	(-0.92)	(-3.28)	(-1.88)	(-1.36)	(1.11)
Size	-0.001	-0.003	0.000	-0.001	0.016***	0.479***
	(-1.14)	(-1.54)	(0.29)	(-1.08)	(2.58)	(21.68)
Leverage	-0.019**	-0.034**	0.012	-0.016***	-0.085*	0.786***
	(-2.04)	(-2.25)	(0.89)	(-2.90)	(-1.76)	(5.55)
Ln(Age)	0.005**	-0.005	-0.009***	0.006***	-0.004	-0.180***
	(2.08)	(-1.00)	(-3.16)	(5.14)	(-0.63)	(-4.40)
Ln(OCF)	0.005***	0.005***	-0.014***	0.000	-0.002	-0.012
	(7.10)	(7.87)	(-4.34)	(0.16)	(-0.79)	(-1.44)
Growth	0.015***	0.025***	-0.006	-0.001	0.036**	-0.044
	(2.97)	(3.41)	(-1.03)	(-0.30)	(2.39)	(-0.81)
SOE	0.001	0.000	-0.002	0.001	0.021	-0.103*
	(0.14)	(0.00)	(-0.61)	(0.43)	(1.20)	(-1.69)
International CEO	0.002	-0.006	-0.002	-0.006***	-0.007	0.066
	(0.49)	(-0.69)	(-0.37)	(-3.02)	(-0.49)	(0.67)
International CFO	0.006	0.015	-0.003	0.001	0.026**	-0.451***
	(0.91)	(1.02)	(-0.41)	(0.23)	(2.28)	(-3.83)
$PSize_{af}$	0.000***	0.000**	-0.000***	-0.000***	0.000*	-0.000**
	(4.19)	(2.37)	(-3.25)	(-4.32)	(1.75)	(-2.13)
$PSize_{ia}$	0.000*	0.000**	-0.000	-0.000	0.000***	-0.000
	(1.93)	(1.99)	(-0.79)	(-0.51)	(2.60)	(-0.40)
$Tenure_{af}$	-0.000	-0.000	0.001	-0.000	-0.003*	0.030***
	(-0.38)	(-0.14)	(1.63)	(-0.50)	(-1.69)	(3.16)
$Tenure_{ia}$	-0.002	-0.004	-0.001	0.000	0.005	0.002
	(-1.43)	(-1.29)	(-0.55)	(0.20)	(1.09)	(0.11)
CI_{af}	0.404***	0.646*	-0.331***	-0.122**	0.276	-0.771
	(3.07)	(1.87)	(-2.72)	(-2.48)	(0.89)	(-0.36)
CI_{ia}	0.039*	0.046	-0.030	0.004	0.033	-0.139
	(1.96)	(1.26)	(-1.46)	(0.42)	(0.51)	(-0.48)
MAO						0.179
						(1.35)
Interim						-0.140
						(-1.01)
Constant	0.038	0.034	-0.046	0.032**	-0.510***	3.715***
	(1.22)	(0.66)	(-1.17)	(1.98)	(-3.57)	(6.45)
Fixed Effects	Yes	Yes	Yes	Yes	Yes	Yes
Obs.	971	292	679	1014	995	942
Adjusted/Pseudo R-squared	0.177	-0.161	-0.097	0.219	0.058	0.718

续表

Panel C: 替代性指标 - Ln (International years min)

Variables	DACC			BL	ARAgg	Ln (Fee)
	|DACC|	Positive	Negative			
Ln (International years min)	-0.006**	-0.011***	0.005*	-0.003**	-0.015*	0.109***
	(-2.54)	(-2.65)	(1.83)	(-2.51)	(-1.75)	(2.90)
Loss	0.020***	-0.011	-0.024***	-0.006*	-0.044	0.086
	(3.01)	(-0.92)	(-3.28)	(-1.88)	(-1.36)	(1.10)
Size	-0.001	-0.003	0.000	-0.001	0.016**	0.479***
	(-1.14)	(-1.54)	(0.29)	(-1.08)	(2.58)	(21.68)
Leverage	-0.019**	-0.034**	0.012	-0.016***	-0.085*	0.785***
	(-2.04)	(-2.25)	(0.88)	(-2.90)	(-1.76)	(5.54)
Ln (Age)	0.005**	-0.005	-0.009***	0.006***	-0.004	-0.180***
	(2.07)	(-1.00)	(-3.15)	(5.13)	(-0.64)	(-4.38)
Ln (OCF)	0.005***	0.005***	-0.014***	0.000	-0.002	-0.012
	(7.10)	(7.87)	(-4.34)	(0.16)	(-0.78)	(-1.44)
Growth	0.015***	0.025***	-0.006	-0.001	0.036**	-0.044
	(2.97)	(3.41)	(-1.03)	(-0.30)	(2.39)	(-0.82)
SOE	0.001	0.000	-0.002	0.001	0.021	-0.103*
	(0.14)	(0.00)	(-0.62)	(0.43)	(1.20)	(-1.69)
International CEO	0.002	-0.006	-0.002	-0.006***	-0.007	0.065
	(0.49)	(-0.69)	(-0.38)	(-3.01)	(-0.48)	(0.67)
International CFO	0.006	0.015	-0.003	0.001	0.026**	-0.451***
	(0.91)	(1.02)	(-0.41)	(0.23)	(2.27)	(-3.83)
$PSize_{af}$	0.000***	0.000**	-0.000***	-0.000***	0.000*	-0.000**
	(4.17)	(2.37)	(-3.24)	(-4.34)	(1.74)	(-2.11)
$PSize_{ia}$	0.000*	0.000**	-0.000	-0.000	0.000***	-0.000
	(1.94)	(1.99)	(-0.80)	(-0.50)	(2.60)	(-0.41)
$Tenure_{af}$	-0.000	-0.000	0.001	-0.000	-0.003*	0.030***
	(-0.37)	(-0.14)	(1.62)	(-0.50)	(-1.69)	(3.15)
$Tenure_{ia}$	-0.002	-0.004	-0.001	0.000	0.005	0.002
	(-1.43)	(-1.29)	(-0.55)	(0.21)	(1.09)	(0.10)
CI_{af}	0.403***	0.646*	-0.330***	-0.123**	0.275	-0.746
	(3.06)	(1.87)	(-2.71)	(-2.50)	(0.88)	(-0.35)
CI_{ia}	0.039**	0.046	-0.030	0.004	0.034	-0.141
	(1.97)	(1.26)	(-1.46)	(0.43)	(0.51)	(-0.48)
MAO						0.179
						(1.35)
Interim						-0.139
						(-1.00)
Constant	0.038	0.034	-0.046	0.032**	-0.510***	3.712***
	(1.22)	(0.66)	(-1.18)	(1.98)	(-3.57)	(6.45)
Fixed Effects	Yes	Yes	Yes	Yes	Yes	Yes
Obs.	971	292	679	1014	995	942
Adjusted/Pseudo R-squared	0.177	-0.161	-0.097	0.219	0.058	0.718

二、获得国际工作经验的时间

尽管上述结果表明具有国际工作经验的审计师可以提高企业的审计质量，但获得国际工作经验的时间可能会影响这一结论。例如，如果审计师在境外地区工作之前就已经向客户提供了审计服务，那么我们所衡量的国际工作经验就无法捕捉到由这些经验带来的影响。我们通过进一步分析数据来尝试解决该问题。

首先，样本期内一共包括了 99 名具有国际工作经验的审计师。我们具体跟踪了这些审计师在 2001~2012 年参与审计的上市公司记录。在这些审计师中，有 28 位从样本期内首次参与上市公司审计到 2012 年间连续参与 A 股上市公司的审计工作。以审计师 Weili Gong 先生为例，他在 2006 年第一次参与上市公司的审计并在审计报告中签字，自此以后直到 2012 年，Gong 先生每年都会为 A 股上市公司提供审计服务。因此，我们可以合理地排除 Gong 先生在 2006~2012 年具有国际工作经验的假设。那么，Gong 先生很有可能是在 2006 年之前就获得了国际工作经验。我们根据这 28 名审计师的相关信息重新构造了衡量国际工作经验的测度 Ln（International years continue），并重复表 6-4 的回归。表 6-6 的 Panel A 报告了该结果，基本与表 6-4 的结果一致。其中，当因变量为 BL 和 ARAgg 时，Ln（International years continue）的系数为负，显著性略微下降。

其次，我们假设如果某个审计师在 A 股上市公司的签字没有出现在特定年份，则表明其在境外地区工作。我们将审计师没有出现的年数（Missing Years）与其在境外地区工作的年数（International Years）进行比较。如果在境外地区国内工作的年数大于失踪年数，则表明该审计师可能在首次参与上市公司审计并签字的年份之前已经有国际工作经验。以审计师 Jun Li 为例，他在 A 股上市公司中首次签字是在 2006 年，从那时起，其为 A 股上市公司提供审计服务直到 2012 年，但 2011 年没有其参与审计签字的记录。在这种情况下，我们将失踪年数记为 1，而他的国际工作经验年数为 2，因此 Li 先生在 2006 年首次签字之前至少有 1 年的国际工作经验。

表 6-6　　　　　　　获得国际工作经验时间的影响

Panel A：替代性指标 – Ln（International years continue）

Variables	DACC			BL	ARAgg	Ln（Fee）
	|DACC|	Positive	Negative			
Ln（International years continue）	-0.010***	-0.015**	0.010***	-0.003	-0.021	0.106**
	(-3.33)	(-2.59)	(3.21)	(-1.45)	(-1.61)	(2.34)
Loss	0.023***	-0.008	-0.027***	-0.003	-0.032	-0.031
	(3.02)	(-0.53)	(-2.97)	(-0.71)	(-0.80)	(-0.31)
Size	-0.003**	0.003	0.004**	0.000	0.024**	0.483***
	(-2.19)	(0.98)	(2.07)	(0.21)	(2.51)	(18.87)
Leverage	-0.012	-0.050***	-0.004	-0.025***	-0.118*	0.818***
	(-0.99)	(-3.08)	(-0.23)	(-3.19)	(-1.93)	(5.01)
Ln（Age）	0.006*	-0.004	-0.007*	0.009***	0.003	-0.209***
	(1.66)	(-0.50)	(-1.91)	(4.97)	(0.56)	(-3.90)
Ln（OCF）	0.006***	0.007***	-0.015***	-0.000	0.001	-0.015
	(6.39)	(8.04)	(-3.09)	(-0.94)	(0.15)	(-1.58)
Growth	0.017***	0.024***	-0.009	0.000	0.023	-0.039
	(2.81)	(2.73)	(-1.35)	(0.09)	(1.52)	(-0.64)
SOE	-0.006	0.004	0.003	-0.002	-0.003	-0.238***
	(-1.27)	(0.36)	(0.58)	(-0.79)	(-0.25)	(-3.13)
International CEO	-0.012**	-0.027**	0.010*	-0.002	-0.005	0.076
	(-2.49)	(-2.31)	(1.93)	(-0.67)	(-0.34)	(0.59)
International CFO	0.002	0.031	0.006	0.003	0.026*	-0.511***
	(0.29)	(1.59)	(0.89)	(1.02)	(1.86)	(-3.23)
$PSize_{af}$	0.000***	0.000	-0.000**	-0.000***	0.000**	-0.000
	(2.99)	(1.11)	(-2.23)	(-3.07)	(2.03)	(-0.71)
$PSize_{ia}$	0.000	0.000	-0.000	-0.000	0.000	0.001
	(1.12)	(0.98)	(-1.25)	(-0.16)	(1.43)	(0.72)
$Tenure_{af}$	0.000	-0.001	-0.000	-0.000	-0.002	0.022*
	(0.06)	(-0.64)	(-0.25)	(-0.73)	(-1.29)	(1.86)
$Tenure_{ia}$	-0.004**	-0.007**	-0.000	0.001	0.009	-0.014
	(-2.28)	(-2.34)	(-0.07)	(0.46)	(1.51)	(-0.64)
CI_{af}	0.500***	0.010	-0.501***	-0.188***	0.499	1.065
	(4.14)	(0.03)	(-3.66)	(-3.00)	(1.30)	(0.42)
CI_{ia}	0.016	-0.011	-0.030	0.008	-0.023	0.271
	(0.63)	(-0.27)	(-1.07)	(0.59)	(-0.29)	(0.78)
MAO						0.144
						(0.97)
Interim						-0.350**
						(-2.34)
Constant	0.089**	0.003	-0.100**	0.006	-0.645***	3.754***
	(2.19)	(0.04)	(-1.99)	(0.27)	(-2.90)	(5.61)
Fixed Effects	Yes	Yes	Yes	Yes	Yes	Yes
Obs.	988	294	694	1032	1013	958
Adjusted/Pseudo R-squared	0.199	-0.197	-0.112	0.236	0.042	0.766

续表

Panel B: 替代性指标 – $Ln\ (International\ years\ missing)$

Variables	DACC			BL	ARAgg	$Ln\ (Fee)$
	|DACC|	Positive	Negative			
$Ln\ (International\ years\ missing)$	-0.011***	-0.014**	0.010***	-0.003	-0.023*	0.135***
	(-3.41)	(-2.44)	(3.10)	(-1.64)	(-1.83)	(2.89)
Loss	0.023***	0.002	-0.027***	-0.003	-0.035	-0.006
	(2.92)	(0.13)	(-3.33)	(-0.77)	(-0.92)	(-0.07)
Size	-0.003**	-0.001	0.003*	0.000	0.023**	0.505***
	(-2.03)	(-0.33)	(1.68)	(0.35)	(2.48)	(19.11)
Leverage	-0.012	-0.047**	0.005	-0.024***	-0.118**	0.729***
	(-1.04)	(-2.52)	(0.35)	(-3.34)	(-2.09)	(4.62)
$Ln\ (Age)$	0.004	-0.006	-0.008**	0.009***	0.001	-0.162***
	(0.93)	(-0.82)	(-1.99)	(4.80)	(0.18)	(-2.87)
$Ln\ (OCF)$	0.005***	0.007***	-0.010***	-0.000	0.001	-0.025***
	(6.00)	(8.68)	(-2.87)	(-1.13)	(0.35)	(-2.62)
Growth	0.016**	0.024**	-0.010	0.000	0.033**	-0.067
	(2.50)	(2.39)	(-1.49)	(0.07)	(2.16)	(-1.05)
SOE	-0.001	0.006	0.000	-0.002	0.001	-0.197***
	(-0.17)	(0.48)	(0.01)	(-0.69)	(0.10)	(-2.63)
International CEO	-0.008	-0.015	0.009	-0.002	0.005	0.066
	(-1.59)	(-1.59)	(1.57)	(-0.76)	(0.33)	(0.51)
International CFO	0.004	0.036**	0.002	0.003	0.020	-0.443***
	(0.53)	(2.01)	(0.29)	(0.92)	(1.54)	(-3.08)
$PSize_{af}$	0.000***	0.000**	-0.000***	-0.000***	0.000**	-0.000
	(4.39)	(2.36)	(-3.26)	(-3.12)	(2.23)	(-1.42)
$PSize_{ia}$	0.000	0.000	-0.000	-0.000	0.000**	-0.001
	(0.60)	(1.10)	(-0.61)	(-0.01)	(2.01)	(-0.79)
$Tenure_{af}$	0.000	0.001	0.000	-0.000	-0.002	0.012
	(0.52)	(0.45)	(0.09)	(-0.46)	(-1.22)	(1.08)
$Tenure_{ia}$	-0.003	-0.004	-0.001	0.001	0.008	-0.041*
	(-1.47)	(-1.30)	(-0.30)	(0.50)	(1.42)	(-1.76)
CI_{af}	0.546***	0.350	-0.532***	-0.172***	0.507	0.156
	(4.57)	(0.97)	(-4.10)	(-2.73)	(1.36)	(0.06)
CI_{ia}	-0.002	-0.000	-0.009	0.012	0.022	-0.332
	(-0.09)	(-0.01)	(-0.32)	(0.91)	(0.28)	(-0.97)
MAO						0.109
						(0.74)
Interim						-0.372**
						(-2.54)
Constant	0.063	-0.004	-0.068	-0.002	-0.686***	3.750***
	(1.52)	(-0.05)	(-1.39)	(-0.11)	(-3.02)	(5.43)
Fixed Effects	Yes	Yes	Yes	Yes	Yes	Yes
Obs.	988	294	694	1032	1013	958
Adjusted/Pseudo R – squared	0.174	-0.187	-0.087	0.227	0.049	0.768

根据这一定义，我们样本中共有 53 位审计师被重新确定为具有国际工作经验的审计师。使用该保守测度 Ln（International Years missing），重复表 6-4 中的回归。表 6-6 的 Panel B 组报告了结果，基本与前文一致。当因变量为 BL 时，Ln（International years missing）的系数为负，显著性略微下降。

总体而言，表 6-6 中的结果与之前报告的结果基本一致，这意味着我们对国际工作经验测度的调整能够捕捉到其带来的影响。

三、控制审计师个人特征和交叉上市的影响

如果具有国际工作经验的审计师与没有该经验的审计师在个人特征上有显著差异，那我们的结论可能也会受到由此带来的内生性问题的影响。为了缓解该问题的影响，我们搜集了有关审计师个人特征的数据，包括他们是否具有海外教育经历、受教育程度、年龄、作为审计师工作的年数以及性别。鉴于审计报告通常有两名审计师签字，故我们企业构造了虚拟变量 International Education，定义为如果企业由至少一名具有海外教育经历的审计师进行审计，则取值为 1，否则为 0。Education 表示签字审计师的平均受教育程度，其取值分别对应硕士及以上学位、学士学位以及无学士学位为 3、2、1。Auditor Age 和 CPA Experience 分别代表审计师的平均年龄和获得注册会计师证书后的工作年限。此外，如果企业由至少一名女性审计师进行审计，则 Female 取值为 1，否则为 0。如果企业由至少一名具有会计或金融学学位的审计师进行审计，则 Major 取值为 1，否则为 0。为了确保上述审计师个人特征之间没有相互影响，我们通过主成分分析，提取第一主成分作为衡量 Auditor Characteristics 的代理变量。主成分分析的结果如表 6-7 所示。

此外，由于进行交叉上市的公司在更成熟的市场机制下可能会有更好的信息披露机制，同时还要接受双重审计，因此其财务报告质量可能更高（Lang 等，2003）。Ke 等（2015）认为，中国香港地区较严格的制度环境会对 A-H 股公司的审计质量产生积极影响。因此，我们还引入控制变量

表6-7　　　　　　　　　　主成分分析结果

Variable	Comp1
International Education	-0.104
Education	0.213
Auditor Age	0.634
CPA Experience	0.661
Female	-0.011
Major	0.323
Eigenvalue	1.543
Proportion	0.257

CROSSLIST，如果上市公司同时发行B股或H股，则其值为1，否则为0。我们控制Auditor Characteristics和CROSSLIST，然后重复表6-4中的回归。表6-8报告了回归结果，与前文基本一致。

表6-8　　具有国际工作经验的审计师对审计质量的影响：控制审计师个人特征和交叉上市

Variables	DACC |DACC|	DACC Positive	DACC Negative	BL	ARAgg	Ln(Fee)
Ln(International years)	-0.007***	-0.011**	0.005**	-0.003***	-0.014*	0.104***
	(-2.67)	(-2.52)	(2.04)	(-2.63)	(-1.67)	(2.93)
Loss	0.019***	-0.014	-0.023***	-0.006*	-0.044	0.061
	(2.95)	(-1.08)	(-3.26)	(-1.73)	(-1.39)	(0.80)
Size	-0.001	-0.002	0.000	-0.000	0.019***	0.425***
	(-0.98)	(-1.05)	(0.31)	(-0.33)	(2.95)	(21.31)
Leverage	-0.020**	-0.036**	0.011	-0.015***	-0.087*	0.782***
	(-2.09)	(-2.39)	(0.85)	(-2.90)	(-1.85)	(5.93)
Ln(Age)	0.006**	-0.004	-0.009***	0.007***	-0.002	-0.243***
	(2.18)	(-0.81)	(-3.29)	(5.78)	(-0.34)	(-6.02)
Ln(OCF)	0.005***	0.005***	-0.014***	0.000	-0.002	-0.015*
	(7.14)	(8.24)	(-4.35)	(0.21)	(-0.74)	(-1.82)
Growth	0.014***	0.022***	-0.005	-0.001	0.032**	-0.005
	(2.81)	(3.11)	(-0.96)	(-0.40)	(2.19)	(-0.09)

续表

Variables	DACC			BL	ARAgg	Ln(Fee)
	|DACC|	Positive	Negative			
SOE	0.000	−0.001	−0.002	0.001	0.024	−0.146**
	(0.13)	(−0.12)	(−0.61)	(0.66)	(1.36)	(−2.42)
International CEO	0.002	−0.008	−0.002	−0.006***	−0.009	0.084
	(0.37)	(−0.96)	(−0.27)	(−3.00)	(−0.63)	(0.92)
International CFO	0.005	0.014	−0.002	0.000	0.023**	−0.405***
	(0.72)	(0.96)	(−0.25)	(0.19)	(2.02)	(−3.71)
$PSize_{af}$	0.000***	0.000**	−0.000***	−0.000***	0.000**	−0.000**
	(4.41)	(2.50)	(−3.44)	(−4.48)	(1.97)	(−2.10)
$PSize_{ia}$	0.000**	0.000**	−0.000	−0.000	0.000***	−0.000
	(2.02)	(2.26)	(−0.87)	(−0.55)	(2.67)	(−0.56)
$Tenure_{af}$	−0.000	−0.000	0.001	−0.000	−0.003*	0.027***
	(−0.33)	(−0.32)	(1.55)	(−0.48)	(−1.66)	(3.04)
$Tenure_{ia}$	−0.002	−0.003	−0.001	0.000	0.006	0.005
	(−1.16)	(−1.01)	(−0.75)	(0.10)	(1.43)	(0.25)
CI_{af}	0.470***	0.734**	−0.397***	−0.130***	0.448	−0.558
	(3.51)	(2.23)	(−3.14)	(−2.65)	(1.36)	(−0.28)
CI_{ia}	0.038*	0.050	−0.029	0.003	0.023	−0.046
	(1.91)	(1.36)	(−1.41)	(0.28)	(0.35)	(−0.17)
MAO						0.077
						(0.62)
Interim						−0.137
						(−1.16)
CROSSLIST	−0.002	−0.008	0.001	−0.004***	−0.027**	0.436***
	(−0.85)	(−1.37)	(0.37)	(−2.69)	(−2.40)	(10.37)
Auditor Characteristics	−0.002*	−0.005***	0.002	0.000	−0.008**	−0.004
	(−1.81)	(−2.87)	(1.42)	(0.44)	(−2.18)	(−0.24)
Constant	0.029	0.002	−0.040	0.023	−0.583***	4.725***
	(0.91)	(0.03)	(−1.03)	(1.38)	(−3.93)	(8.77)
Fixed Effects	Yes	Yes	Yes	Yes	Yes	Yes
Obs.	988	294	694	1032	1013	958
Adjusted/Pseudo R-squared	0.181	−0.170	−0.098	0.226	0.066	0.747

四、PSM 配对回归结果

虽然我们的回归结果表明具有国际工作经验的审计师可以提供高质量的审计，但该结果可能还会受到其他内生性问题的影响。例如，具有国际工作经验的审计会主动选择一些优秀企业来进行审计。为了排除这种自选择问题产生的影响，我们采用 PSM 配对方法（Rosenbaum 和 Rubin，1983）获得 1:1 匹配的样本。由于在研究样本中，没有国际工作经验的审计师样本较少，我们通过构造虚拟变量 *Non-International* 来匹配企业选择同类审计师的概率，该变量与 *International* 相反，即如果企业没有经过国际工作经验的审计师进行审计，则取值为 1，否则取值为 0。对于每个实验组样本（*Non-International*），我们通过 Logit 模型进行估计，并选择倾向性得分最接近的匹配样本（*International*）。

参考 Chen 等（2011），我们在 PSM 第一阶段的估计模型中控制了企业层面的特征变量，包括 *SOE*、*Size*、*Leverage*、*ROA*、*ISSUE*、*LLOSS*、*GEO*、*OWNER* 和 *CROSSLIST*。我们还控制了 *International CEO* 和 *International CFO*，表 6-1 已经介绍了使用变量的详细定义。

我们采用不重复抽样的最邻近匹配算法进行匹配，表 6-9 中的 Panel A 报告了第一阶段 Logit 模型的回归结果，而 Panel B 则比较了实验组样本（*Non-International*）和对照组样本（*International*）在各特征方面是否存在差异。基于匹配后的样本，我们重新进行回归，结果如表 6-10 所示。该结果表明，在控制了潜在的自选择问题之后，*Ln*（*International Years*）的系数仍然显著，并与前文结果一致。

表 6-9　　　　　　　　　　　　PSM 匹配结果

Panel A：PSM 第一阶段匹配回归结果

Variables	*Non-International*
SOE	-0.449***
	(-2.69)
Size	-0.109**
	(-1.98)

续表

Variables	Non-International
Leverage	-0.355
	(-0.80)
ROA	0.344
	(0.28)
ISSUE	0.251
	(1.03)
LLOSS	-0.300
	(-0.85)
GEO	0.307
	(1.12)
OWNER	0.600
	(1.29)
CROSSLIST	-0.116
	(-0.79)
International CEO	-0.057
	(-0.22)
International CFO	0.041
	(0.14)
Constant	1.614
	(1.43)
Obs.	1002
Pseudo R-squared	0.019

Panel B：组间差异检验

| Variable | Mean | | % bias | T-test | |
	Treatment Group (Non-International)	Control Group (International)		T-value	P-value
SOE	0.725	0.722	0.6	0.08	0.0935
Size	22.784	22.837	-3.5	-0.48	0.634
Leverage	0.474	0.478	-2.2	-0.31	0.757
ROA	0.055	0.053	2.3	0.32	0.747
ISSUE	0.087	0.090	-0.9	-0.13	0.898
LLOSS	0.034	0.053	-9.1	-1.25	0.213
GEO	2.176	2.161	6.0	0.83	0.407
OWNER	0.459	0.452	4.0	0.55	0.585
CROSSLIST	0.468	0.476	-1.6	-0.22	0.827
International CEO	0.082	0.085	-1.0	-0.13	0.895
International CFO	0.066	0.053	5.6	0.77	0.443

表 6–10　　PSM 匹配样本的回归结果

Variables	DACC |DACC|	DACC Positive	DACC Negative	BL	ARAgg	Ln(Fee)
Ln(International years)	-0.006*	-0.008*	0.005*	-0.004**	-0.018*	0.080*
	(-1.94)	(-1.91)	(1.67)	(-2.23)	(-1.78)	(1.79)
Loss	0.017**	-0.016	-0.029***	-0.006	-0.070*	0.042
	(2.17)	(-1.18)	(-3.48)	(-1.47)	(-1.83)	(0.42)
Size	-0.002*	-0.002	0.002	-0.000	0.016**	0.482***
	(-1.71)	(-1.02)	(1.35)	(-0.38)	(2.19)	(18.44)
Leverage	-0.027**	-0.063***	0.016	-0.020***	-0.099*	0.753***
	(-2.53)	(-3.94)	(1.09)	(-2.99)	(-1.69)	(4.58)
Ln(Age)	0.007**	-0.005	-0.012***	0.006***	-0.009	-0.144***
	(2.32)	(-0.82)	(-3.71)	(3.95)	(-1.01)	(-2.80)
Ln(OCF)	0.005***	0.005***	-0.017***	0.000	0.001	-0.015
	(5.82)	(7.14)	(-3.53)	(0.18)	(0.33)	(-1.50)
Growth	0.014**	0.020**	-0.004	-0.000	0.041**	0.026
	(2.41)	(2.59)	(-0.72)	(-0.09)	(2.23)	(0.41)
SOE	0.003	0.007	-0.003	0.001	0.037*	-0.149**
	(0.68)	(1.08)	(-0.66)	(0.50)	(1.84)	(-2.07)
International CEO	-0.004	-0.009	0.004	-0.005**	0.002	0.123
	(-0.70)	(-1.01)	(0.72)	(-2.02)	(0.09)	(1.02)
International CFO	0.011	0.042**	-0.004	0.003	0.037**	-0.386***
	(1.52)	(2.51)	(-0.50)	(1.17)	(2.35)	(-2.68)
$PSize_{af}$	0.000***	0.000*	-0.000***	-0.000***	0.000**	-0.000**
	(3.38)	(1.67)	(-2.89)	(-3.48)	(1.98)	(-2.20)
$PSize_{ia}$	0.000	0.000	-0.000	-0.000	0.001**	-0.000
	(0.65)	(0.52)	(-0.39)	(-1.45)	(2.50)	(-0.16)
$Tenure_{af}$	-0.000	-0.001	0.001	-0.000	-0.002	0.030***
	(-0.46)	(-0.93)	(1.21)	(-0.08)	(-1.25)	(2.61)
$Tenure_{ia}$	-0.003*	-0.004	-0.000	-0.001	0.004	0.000
	(-1.67)	(-1.63)	(-0.14)	(-0.52)	(0.77)	(0.01)
CI_{af}	0.373***	0.147	-0.407***	-0.171***	0.487	-0.512
	(2.92)	(0.55)	(-3.10)	(-2.92)	(1.17)	(-0.20)
CI_{ia}	0.013	-0.013	-0.018	-0.003	0.011	-0.098
	(0.57)	(-0.35)	(-0.75)	(-0.25)	(0.12)	(-0.27)
MAO						0.212
						(1.35)
Interim						-0.254*
						(-1.76)
Auditor Characteristics	-0.002	-0.004**	0.002	0.000	-0.007	-0.001
	(-1.62)	(-2.17)	(1.59)	(0.57)	(-1.53)	(-0.04)
Constant	0.067*	0.075	-0.079*	0.032*	-0.566***	3.422***
	(1.91)	(1.50)	(-1.80)	(1.67)	(-3.18)	(5.03)
Fixed Effects	Yes	Yes	Yes	Yes	Yes	Yes
Obs.	739	217	522	756	742	694
Adjusted/Pseudo R-squared	0.195	-0.212	-0.128	0.251	0.074	0.709

五、具有海外经历的 CFO 的边际影响

通常而言,企业的 CFO 对公司报告的财务业绩拥有较大的控制权(Geiger 和 North,2006)。在应计盈余管理方面,CFO 也比 CEO 具有更大的影响力(Jiang,Petroni 和 Wang,2010)。在最近诸如 Enron、Worldcom、Qwest 和 Adelphia 等案例中,都表明 CFO 能够显著影响企业的财务报告质量。Feng,Ge,Luo 和 Shevlin(2011)发现,在 1982~2005 年期间的 493 家公司中,约有 21% 的 CFO 被控欺诈,而 CEO 则没有面临相同的指控。Hennes,Leone 和 Miller(2008)的研究表明,在企业进行财务重述后,CFO 的更替率也显著高于 CEO。

因此,我们尝试考察 CFO 的特征可能带来的边际影响。Feng,Ge,Luo 和 Shevlin(2011)发现,企业 CFO 的个人特征可能会影响会计操作的概率。我们预期,当企业拥有具有海外经历的 CFO 时,可能会进一步加强我们的结果,并提供更加保守的财务报告。

在表 6-11 中,我们报告了具有海外经历的 CFO(International CFO)和具有国际工作经验的审计师的交互项。结果表明,具有海外经历的 CFO 在应计盈余管理(DACC)和线下项目(BL)方面会比具有国际工作经验的审计师表现得更加保守。

表 6-11　　具有海外经历的 CFO 的边际影响

Variables	DACC			BL	ARAgg	Ln(Fee)
	|DACC|	Positive	Negative			
Ln(International years)	-0.007***	-0.009**	0.006**	-0.003**	-0.015*	0.116***
	(-2.71)	(-2.10)	(2.46)	(-2.21)	(-1.68)	(3.21)
Ln(International years) × International CFO	0.005	-0.049*	-0.018*	-0.006*	0.016	-0.150
	(0.46)	(-1.84)	(-1.85)	(-1.71)	(0.87)	(-0.66)
Loss	0.019***	-0.013	-0.022***	-0.006*	-0.047	0.092
	(2.89)	(-1.02)	(-3.13)	(-1.77)	(-1.46)	(1.18)
Size	-0.002	-0.004*	0.001	-0.001	0.016***	0.477***
	(-1.27)	(-1.81)	(0.50)	(-1.06)	(2.62)	(22.15)

续表

Variables	DACC			BL	ARAgg	Ln (Fee)
	|DACC|	Positive	Negative			
Leverage	-0.020**	-0.034**	0.011	-0.016***	-0.090*	0.818***
	(-2.13)	(-2.25)	(0.86)	(-2.94)	(-1.88)	(5.91)
Ln (Age)	0.005**	-0.005	-0.009***	0.006***	-0.006	-0.175***
	(2.07)	(-0.94)	(-3.14)	(5.37)	(-0.93)	(-4.28)
Ln (OCF)	0.005***	0.005***	-0.014***	0.000	-0.002	-0.013
	(7.12)	(8.20)	(-4.35)	(0.17)	(-0.77)	(-1.52)
Growth	0.014***	0.024***	-0.005	-0.001	0.034**	-0.045
	(2.85)	(3.36)	(-0.96)	(-0.28)	(2.30)	(-0.83)
SOE	0.000	0.001	-0.002	0.001	0.021	-0.101*
	(0.05)	(0.15)	(-0.59)	(0.45)	(1.20)	(-1.66)
International CEO	0.002	-0.002	-0.001	-0.006***	-0.009	0.082
	(0.36)	(-0.27)	(-0.24)	(-2.90)	(-0.62)	(0.82)
International CFO	0.001	0.047*	0.011	0.005*	0.014	-0.338
	(0.12)	(1.80)	(1.22)	(1.65)	(0.96)	(-1.61)
$PSize_{af}$	0.000***	0.000***	-0.000***	-0.000***	0.000**	-0.000**
	(4.43)	(2.76)	(-3.44)	(-4.37)	(2.00)	(-2.15)
$PSize_{ia}$	0.000**	0.000**	-0.000	-0.000	0.000***	-0.000
	(1.99)	(2.21)	(-0.81)	(-0.54)	(2.62)	(-0.30)
$Tenure_{af}$	-0.000	-0.000	0.001	-0.000	-0.003	0.029***
	(-0.30)	(-0.37)	(1.41)	(-0.59)	(-1.64)	(3.12)
$Tenure_{ia}$	-0.002	-0.003	-0.001	0.000	0.006	0.002
	(-1.17)	(-0.91)	(-0.61)	(0.21)	(1.40)	(0.11)
CI_{af}	0.473***	0.757**	-0.401***	-0.129***	0.451	-0.506
	(3.51)	(2.34)	(-3.18)	(-2.64)	(1.38)	(-0.23)
CI_{ia}	0.038*	0.051	-0.028	0.004	0.028	-0.110
	(1.91)	(1.43)	(-1.38)	(0.44)	(0.42)	(-0.38)
MAO						0.176
						(1.32)
Interim						-0.201
						(-1.52)
Auditor Characteristics	-0.002*	-0.005***	0.001	0.000	-0.008**	-0.005
	(-1.77)	(-2.93)	(1.26)	(0.32)	(-2.12)	(-0.28)
Constant	0.035	0.031	-0.047	0.031*	-0.523***	3.730***
	(1.11)	(0.62)	(-1.22)	(1.96)	(-3.66)	(6.65)
Fixed Effects	Yes	Yes	Yes	Yes	Yes	Yes
Obs.	988	294	694	1032	1013	958
Adjusted/Pseudo R-squared	0.180	-0.173	-0.099	0.221	0.059	0.718

六、审计合伙人和项目合伙人

在上市公司财务报告中签字的两名审计师可能在审计过程扮演了不同的角色。参考 Lennox,Wu 和 Zhang (2014),我们将第一名签字审计师(在上方签名)定义为审计合伙人,将第二名签字审计师(在下方签名)定义为项目合伙人。

我们在回归模型中同时引入两种角色的国际工作经验虚拟变量,表6-12 报告了该回归结果。我们发现,拥有国际经验的审计合伙人能够提供更高的审计质量,包括较低的应计盈余管理、较少的线下项目以及更低的审计报告的激进程度。然而,项目合伙人会要求更高的审计费用。

表 6-12　　审计合伙人和项目合伙人的影响

Variables	DACC |DACC|	DACC Positive	DACC Negative	BL	ARAgg	Ln (Fee)
Ln (International years reviewer)	-0.005*	-0.008*	0.003	-0.003**	-0.019**	0.053
	(-1.85)	(-1.91)	(1.33)	(-2.40)	(-2.25)	(1.37)
Ln (International years engagement)	-0.001	-0.002	-0.000	-0.000	-0.004	0.161***
	(-0.49)	(-0.42)	(-0.07)	(-0.26)	(-0.37)	(3.56)
Loss	0.019***	-0.014	-0.023***	-0.006*	-0.047	0.094
	(2.91)	(-1.13)	(-3.25)	(-1.86)	(-1.46)	(1.17)
Size	-0.002	-0.004	0.001	-0.001	0.016***	0.473***
	(-1.32)	(-1.62)	(0.51)	(-1.12)	(2.61)	(22.01)
Leverage	-0.020**	-0.035**	0.011	-0.015***	-0.088*	0.849***
	(-2.13)	(-2.39)	(0.87)	(-2.89)	(-1.85)	(6.16)
Ln (Age)	0.005**	-0.004	-0.009***	0.006***	-0.005	-0.185***
	(2.04)	(-0.87)	(-3.10)	(5.33)	(-0.80)	(-4.55)
Ln (OCF)	0.005***	0.005***	-0.014***	0.000	-0.002	-0.014*
	(7.05)	(7.95)	(-4.34)	(0.11)	(-0.75)	(-1.75)
Growth	0.014***	0.023***	-0.006	-0.001	0.035**	-0.037
	(2.83)	(3.25)	(-0.97)	(-0.27)	(2.33)	(-0.67)
SOE	0.000	-0.002	-0.002	0.001	0.021	-0.092
	(0.02)	(-0.33)	(-0.58)	(0.40)	(1.22)	(-1.51)
International CEO	0.002	-0.007	-0.002	-0.006***	-0.007	0.058
	(0.43)	(-0.86)	(-0.29)	(-2.94)	(-0.52)	(0.59)

续表

Variables	DACC			BL	ARAgg	Ln(Fee)
	|DACC|	Positive	Negative			
International CFO	0.005	0.013	-0.002	0.001	0.025**	-0.426***
	(0.78)	(0.95)	(-0.31)	(0.34)	(2.19)	(-3.66)
$PSize_{af}$	0.000***	0.000**	-0.000***	-0.000***	0.000**	-0.000**
	(4.33)	(2.40)	(-3.32)	(-4.40)	(2.08)	(-2.37)
$PSize_{ia}$	0.000**	0.000**	-0.000	-0.000	0.000***	-0.000
	(1.97)	(2.05)	(-0.83)	(-0.63)	(2.70)	(-0.55)
$Tenure_{af}$	-0.000	-0.000	0.001	-0.000	-0.003	0.029***
	(-0.30)	(-0.40)	(1.53)	(-0.44)	(-1.63)	(3.11)
$Tenure_{ia}$	-0.002	-0.003	-0.001	0.000	0.006	0.004
	(-1.14)	(-0.98)	(-0.81)	(0.09)	(1.31)	(0.19)
CI_{af}	0.471***	0.669**	-0.395***	-0.130***	0.470	-0.810
	(3.50)	(2.05)	(-3.12)	(-2.63)	(1.40)	(-0.38)
CI_{ia}	0.038*	0.044	-0.028	0.003	0.029	-0.171
	(1.89)	(1.19)	(-1.37)	(0.33)	(0.45)	(-0.60)
MAO						0.157
						(1.19)
Interim						-0.193
						(-1.50)
Auditor Characteristics	-0.002*	-0.005***	0.002	0.000	-0.008**	-0.007
	(-1.81)	(-2.97)	(1.41)	(0.46)	(-2.13)	(-0.41)
Constant	0.033	0.031	-0.044	0.033**	-0.530***	3.886***
	(1.07)	(0.61)	(-1.15)	(2.00)	(-3.68)	(6.83)
Fixed Effects	Yes	Yes	Yes	Yes	Yes	Yes
Obs.	988	294	694	1032	1013	958
Adjusted/Pseudo R-squared	0.178	-0.167	-0.097	0.219	0.062	0.721

第五节 拓展性分析：分析师预测精度和偏误

具有国际工作经验的审计能够显著提高审计质量和企业的财务报告质量，这种改善可能也会影响到其他市场参与者的看法。例如，Krishnan 等（2013）发现，审计师的专业知识丰富能够提高财务报告的质量，从而降低企业的股权融资成本。对财务报告质量产生的积极影响也能提高证券分析师的盈利预测精度，并降低预测偏误（Behn 等，2008）。本小节主要探讨证券分析师是否能够从具有国际工作经验的审计师提供的财务报告中受益。参考 Behn 等（2008）的研究，采用如下模型进行估计：

$$AFA/AFD_{i,t} = \alpha + \beta_1 Ln(Overseas\ years)_{i,t} + \beta_2 Size_{i,t} + \beta_3 ZScore_{i,t} + \beta_4 UE_{i,t} + \beta_5 VAREARN_{i,t} + \beta_6 Horizon_{i,t} + \beta_7 NANA_{i,t} + \beta_8 LOSS_{i,t} + \beta_9 EL_{i,t} + FixedEffects + \varepsilon_{i,t}$$

(6-5)

在模型（6-5）中，分析师预测的精度（AFA）定义为预测每股收益（EPS）与的实际每股收益之差除以年底收盘价之间的平均绝对值。分析师预测偏误（AFD）定义为分析师发布的预测每股收益的标准差除以年底股票收盘价。

公司规模（Size）是企业总资产的自然对数。财务健康程度（ZScore）是使用 Altman's Z-score（Altman，1968）的调整版本计算得到的，具体如下所示：

$$ZScore = 3.3 \frac{Earnings\ Before\ Interest\ and\ Taxes_t}{TA_t} + 1.0 \frac{REV_t}{TA_t} + 1.4 \frac{Retained\ Earnings_t}{TA_t} + 1.2 \frac{Working\ Capital_t}{TA_t} + 0.6 \frac{Market\ Capitalization_t}{Total\ Liabilities_t}$$

(6-6)

其中，未预期受益（UE）定义为当年的 EPS 与上一年 EPS 的差值的绝对值除以上一年度的 EPS 的绝对值。VAREARN 表示公司过去 3 年每股收益 EPS 的标准差。HORIZON 定义为预测的公布日期与实际收益公布日期之间的平均日历天数的自然对数。NANA 代表跟踪上市公司的分析师数量的自然对数。EL 表示企业的 EPS。所有股票收益率和分析师预测的相关数据都来自 CSMAR 数据库[①]。

表 6-13 中的 Ln（International years）系数显著为负，表明具有国际工作经验的审计师签字的财务报告能够显著提高证券分析师预测的精度，并降低分析师预测的偏误。因此，具有国际工作经验的审计师可以提供高

---

① 我们使用 AFD 作为因变量时，删除了分析师跟踪人数（NANA）、企业是否亏损虚拟变量（LOSS）和每股收益（EL）。

质量的审计并帮助分析师判断企业的财务状况。

表 6-13　　　　　　　　　　分析师预测精度和偏误

	(1) AFA	(2) AFD
Ln (International years)	-0.005**	-0.003*
	(-2.20)	(-1.91)
Size	0.001	0.002***
	(1.26)	(3.02)
ZScore	-0.002**	-0.003***
	(-2.11)	(-3.81)
UE	0.001	0.001
	(1.56)	(1.50)
VAREARN	0.008***	0.005***
	(6.09)	(4.43)
HORIZON	-0.000	-0.005**
	(-0.03)	(-2.04)
NANA	0.001	
	(0.65)	
LOSS	0.042***	
	(3.96)	
EL	-0.017***	
	(-6.23)	
Constant	0.006	-0.013
	(0.24)	(-0.76)
Fixed Effects	Yes	Yes
Obs.	497	471
Adjusted R-squared	0.544	0.263

第六节　结　　论

通过考察 2001~2012 年在中国 A 股市场上市交易并由四大会计师事务所进行审计的非金融行业上市公司,我们研究了具有国际工作经验的审计师对审计质量的影响。我们发现具有国际工作经验的审计可以显著提高审计质量，这表明国际工作经验有助于提高审计师的人力资本，这与 Giannetti 等（2015）的发现是一致的。在考虑了内生性等潜在问题的影响后，我们的结果仍然是稳健的。

此外，研究结论表明具有海外经历 CFO 的企业，在面临具有国际工作经验的审计师时，其财务报告质量会变得更加保守。而根据审计师在审计过程中的角色对审计人员进行分类，我们发现具有国际经验的审计合伙人能够提供更高的审计质量，包括较低的应计盈余管理、较少的线下项目以及更低的审计报告的激进程度。然而，项目合伙人会要求更高的审计费用。另外，拥有国际工作经验的审计师参与审计的财务报告有利于分析师提供更准确的盈利预测以及更低的预测偏误。

当然，由于数据的可得性，我们暂时无法探讨国际工作经验的具体性质所带来的影响差异，包括从哪些国家或地区获得工作经验，以及获得工作经验的行业类型等。这可能是未来继续拓展的研究方向。

第七章　主要结论和未来研究方向

第一节　本书的主要结论

本书的第二章讨论了高管海外经历对企业投资效率的影响。通过手工搜集整理上市公司高管及董事的海外经历数据研究发现：（1）具有海归特征的企业投资效率更高；（2）这种效率的提升主要表现为降低企业的过度投资行为，但在投资不足方面的改善并不显著；（3）进一步引入企业的所有权性质发现，与地方国企和非国企相比，高管的海外经历在中央国企中发挥的作用最为明显。

第三章讨论了高管海外经历对企业获得海外客户的影响。通过手工搜集整理的高管海外经历和公司主要客户两个数据集，发现拥有海外经历高管的企业：（1）获得海外客户的可能性和海外销售额占比均显著较高；（2）更有可能进行跨国并购、聘请国际四大会计师事务所进行审计以及在海外上市；（3）在国外市场中具有海外工作经验，或者在企业中拥有更高职位的海外经历高管，其对企业在海外市场业绩的提高作用更大。此外，当具有海外经历的高管与相同海外国家的客户开展业务时，更有可能与对方成功建立联系。同时，我们还发现国家文化也可能影响拥有海外经历的高管，尤其是个人主义文化。

第四章讨论了高管海外经历对企业创新的影响。研究发现，企业高管或董事的海外背景确实能有效促进企业的专利产出，并且在运用倾向得分匹配和Heckman两阶段检验控制自选择效应后，结论仍然成立。进一步地，我们探究了这种影响的作用机制，发现海归高管团队能通过提升企业的人力资本和改善公司治理环境两种渠道来对企业创新产生积极影响。并且，相对于只具有海外工作背景的高管团队，那些具有海外求学背景的高管或董事对企业创新的促进作用更强；相对于具有海外背景的董事而言，具有海外经历的高管对公司创新的促进作用更显著，这种促进作用在长期仍然显著。

第五章考察了 CFO 海外经历对证券分析师盈余预测精度的影响。研究发现，CFO 的海外经历对证券分析师盈余预测精度具有显著的正向影响。在控制了潜在的内生性问题后，结论仍然成立。此外，CFO 海外经历能够通过抑制公司的盈余管理以及提高外部审计质量来提高证券分析师盈余预测精度。相对于海外学习经历，CFO 的海外工作经历对证券分析师盈余预测精度的影响更为显著。

第六章从审计行业出发，考察了具有国际工作经验的审计师对审计质量的影响，发现具有国际工作经验的审计可以显著提高审计质量，这表明国际工作经验有助于提高审计师的人力资本，这与 Giannetti 等（2015）的发现是一致的。在考虑了内生性等潜在问题的影响后，结果仍然稳健。此外，研究结论表明具有海外经历 CFO 的企业，在面临具有国际工作经验的审计师时，其财务报告质量会变得更加保守。而根据审计师在审计过程中的角色对审计人员进行分类，我们发现具有国际经验的审计合伙人能够提供更高的审计质量，包括较低的应计盈余管理、较少的线下项目以及更低的审计报告的激进程度。然而，项目合伙人会要求更高的审计费用。另外，拥有国际工作经验的审计师参与审计的财务报告有利于分析师提供更准确的盈利预测以及更低的预测偏误。

本书的研究方法和结论不仅丰富了高管海外经历对企业行为影响领域的相关成果，也具有一定的现实意义。

第二节　未来研究方向

在本书的基础上，未来可能还存在以下研究方向：

第一，本书在考察高管海外经历的作用时，部分强调了对海外经历特征的区分以及对其可能产生影响的异质性进行考察。但仍有一些方面值得继续深入挖掘，比如不同国家的法律制度和文化氛围的影响。因此，在未来的研究中，可通过进一步搜集整理海外经历国家的特征信息来展开研究。

第二，本书着重从上市公司高管的海外经历作为切入点进行分析，但类似的研究框架还可以拓展到对其他个体的分析。尽管我们已经从审计师的角度展开了研究，但未来在数据可得的情况下，还可以考虑其他主体，如分析师、基金经理等。

第三，本书重点选择了公司金融领域内最近较为热门的话题，尤其是公司投资决策相关话题，如企业投资效率、客户投资以及研发创新。在未来的研究中，可以将话题拓展，如考察上市公司的治理行为等，从而更全面地理解高管海外经历对上市公司行为的影响，这也是未来研究需要进一步深入的方向。

参考文献

[1] 陈怡安. 国际智力回流的知识溢出效应：一个文献评述与展望[J]. 产业经济评论, 2014（04）: 44-60.

[2] 陈运森, 谢德仁. 网络位置、独立董事治理与投资效率[J]. 管理世界, 2011（07）: 113-127.

[3] 仇怡, 聂尊辉. 留学生回流的技术外溢效应——基于中国省际面板数据的实证研究[J]. 国际贸易问题, 2015（02）: 34-42.

[4] 褚剑, 秦璇, 方军雄.（2019）. 中国式融资融券制度安排与分析师盈利预测乐观偏差[J]. 管理世界, 2019: 158-173.

[5] 代昀昊, 孔东民. 高管海外经历是否能提升企业投资效率[J]. 世界经济, 2017（01）: 168-192.

[6] 杜勇, 张欢, 陈建英. CEO海外经历与企业盈余管理[J]. 会计研究, 2018（02）: 27-33.

[7] 樊纲, 王小鲁, 朱恒鹏. 中国市场化指数——各地区市场化相对进程2011年报告[M]. 北京: 经济科学出版社, 2011.

[8] 付超奇. 资本结构、公司治理行为与CEO生活经历[J]. 投资研究, 2015（02）: 112-127.

[9] 高雷, 张杰. 公司治理、机构投资者与盈余管理[J]. 会计研究, 2008（09）: 64-72.

[10] 黄继承, 盛明泉. 高管背景特征具有信息含量吗？[J]. 管理世界, 2013（09）: 144-171.

[11] 姬虹. 留美科技人才资源对中国经济社会发展的影响[J]. 中国

社会科学院研究生院学报,2014(04):135-144.

[12] 姜付秀,黄继承. CEO财务经历与资本结构决策[J]. 会计研究,2013(05):27-34.

[13] 姜付秀,石贝贝,马云飙. 信息发布者的财务经历与企业融资约束[J]. 经济研究,2016(06):83-97.

[14] 解维敏,方红星. 金融发展、融资约束与企业研发投入[J]. 金融研究,2011(05):171-183.

[15] 孔东民,徐茗丽,孔高文. 企业内部薪酬差距与创新[J]. 经济研究,2017(10):144-157.

[16] 赖黎,巩亚林,马永强. 管理者从军经历、融资偏好与经营业绩[J]. 管理世界,2016(08):126-136.

[17] 李春涛,赵一,徐欣等. 按下葫芦浮起瓢:分析师跟踪与盈余管理途径选择[J]. 金融研究,2016(04):144-157.

[18] 李培功,肖珉. CEO任期与企业资本投资[J]. 金融研究,2012(02):127-141.

[19] 李平,许家云. 国际智力回流的技术扩散效应研究——基于中国地区差异及门槛回归的实证分析[J]. 经济学(季刊),2011(03):935-964.

[20] 李平,许家云. 海归型人力资本、外商直接投资与技术外溢[J]. 科技与经济,2011(02):95-99.

[21] 李平,许家云. 基于国际人力资本流动视角的中印技术创新模式比较研究[J]. 中国人口科学,2011(03):54-63+112.

[22] 李平,张玉. 国际智力回流对中国产业结构升级影响的实证研究[J]. 科学学与科学技术管理,2012(12):160-166.

[23] 李文贵,余明桂. 民营化企业的股权结构与企业创新[J]. 管理世界,2015(04):112-125.

[24] 李小荣,刘行. CEO vs CFO:性别与股价崩盘风险[J]. 世界经济,2012(12):102-129.

[25] 李焰, 秦义虎, 张肖飞. 企业产权、管理者背景特征与投资效率 [J]. 管理世界, 2011 (01): 135-144.

[26] 梁上坤. 管理者过度自信、债务约束与成本粘性 [J]. 南开管理评论, 2015 (03): 122-131.

[27] 刘青, 张超, 吕若思, 卢进勇. "海归" 创业经营业绩是否更优: 来自中国民营企业的证据 [J]. 世界经济, 2013 (12): 70-89.

[28] 罗思平, 于永达. 国际技术转移、本土创新与技术进步——基于中国光伏、风电设备制造业的实证研究 (2000—2011 年) [J]. 公共管理评论, 2013 (01): 95-108.

[29] 罗思平, 于永达. 技术转移、"海归" 与企业技术创新——基于中国光伏产业的实证研究 [J]. 管理世界, 2012 (11): 124-132.

[30] 马壮, 李延喜, 王云, 曾伟强. 媒体监督、异常审计费用与企业盈余管理 [J]. 管理评论, 2018 (4): 219-234.

[31] 倪骁然, 朱玉杰. 劳动保护、劳动密集度与企业创新——来自 2008 年《劳动合同法》实施的证据 [J]. 管理世界, 2016 (07): 154-167.

[32] 宋建波, 文雯, 王德宏. 海归高管能促进企业风险承担吗——来自中国 A 股上市公司的经验证据 [J]. 财贸经济, 2017 (12): 111-126.

[33] 宋建波, 文雯. 董事的海外背景能促进企业创新吗? [J]. 中国软科学, 2016 (11): 109-120.

[34] 谭松涛, 崔小勇. 上市公司调研能否提高分析师预测精度 [J]. 世界经济, 2015 (4): 126-145.

[35] 万宇洵, 肖秀芬. 高管身份特征对盈余质量影响的实证研究 [J]. 财经理论与实践, 2012 (06): 57-60.

[36] 王辉耀, 刘国福. 国际人才蓝皮书: 中国国际移民报告 No.1 [M]. 北京: 社会科学文献出版社, 2012.

[37] 王霞, 薛跃, 于学强. CFO 的背景特征与会计信息质量——基于中国财务重述公司的经验证据 [J]. 财经研究, 2011 (09): 123-133.

[38] 王雪莉,马琳,王艳丽. 高管团队职能背景对企业绩效的影响：以中国信息技术行业上市公司为例 [J]. 南开管理评论, 2013 (04): 80-93.

[39] 文雯,宋建波. 高管海外背景与企业社会责任 [J]. 管理科学, 2017 (02): 119-131.

[40] 杨道广,陈汉文,刘启亮. 媒体压力与企业创新 [J]. 经济研究, 2017 (08): 125-139.

[41] 于忠泊,田高良,齐保垒等. 媒体关注的公司治理机制——基于盈余管理视角的考察 [J]. 管理世界, 2011 (09): 127-140.

[42] 袁建国,后青松,程晨. 企业政治资源的诅咒效应——基于政治关联与企业技术创新的考察 [J]. 管理世界, 2015 (01): 139-155.

[43] 张敏,冯虹茜,张雯. 机构持股、审计师选择与审计意见 [J]. 审计研究, 2011 (06): 82-88.

[44] 张学勇,张叶青. 风险投资、创新能力与公司 IPO 的市场表现 [J]. 经济研究, 2016 (10): 112-125.

[45] 郑玮,沈睿,林道谧,等. 海归创业者本土适应对企业绩效的影响机制研究 [J]. 管理学季刊, 2016 (Z1): 92-109.

[46] 周开国,应千伟,陈晓娴. 媒体关注度、分析师关注度与盈余预测准确度 [J]. 金融研究, 2014 (02): 139-152.

[47] 周楷唐,麻志明,吴联生. 高管学术经历与公司债务融资成本 [J]. 经济研究, 2017 (07): 169-183.

[48] 朱敏,许家云. 海外人才回流与FDI技术溢出——地区差异及影响因素的实证分析 [J]. 科学学研究, 2013 (11): 1663-1670.

[49] Abidin S, Beattie V, Goodacre A. Audit Market Structure, Fees and Choice Following the Andersen Break-up: Evidence from the UK. The British Accounting Review. 2010, 42 (3): 187-206.

[50] Acharya V V, Baghai R P, Subramanian K V. Wrongful Discharge Laws and Innovation. The Review of Financial Studies. 2014, 27 (1): 301-

346.

[51] Adams R B, Ferreira D. A Theory of Friendly Boards. The Journal of Finance. 2007, 62 (1): 217 - 250.

[52] Adhikari, B. K. Causal effect of analyst following on corporate social responsibility. Journal of Corporate Finance, 2016, 41, 201 - 216.

[53] Aghion P, Bloom N, Blundell R, et al. Competition and Innovation: An Inverted - U Relationship. The Quarterly Journal of Economics. 2005, 120 (2): 701 - 728.

[54] Aghion P, Van Reenen J, Zingales L. Innovation and Institutional Ownership [J]. American Economic Review. 2013, 103 (1): 277 - 304.

[55] Aitken B J, Harrison A E. Do Domestic Firms Benefit from Direct Foreign Investment? Evidence from Venezuela. The American Economic Review. 1999, 89 (3): 605 - 618.

[56] Allen F, Qian J, Qian M. Law, Finance, and Economic Growth in China. Journal of Financial Economics. 2005, 77 (1): 57 - 116.

[57] Altman E I. Financial Ratios, Discriminant Analysis and the Prediction of Corporate Bankruptcy. The Journal of Finance. 1968, 23 (4): 589 - 609.

[58] Andy C W C, Lloyd A E, Chuck C Y K. The Determination of Capital Structure: Is National Culture a Missing Piece to the Puzzle?. Journal of International Business Studies. 2002, 33 (1): 99 - 127.

[59] Ang J S, Cheng Y, Wu C. Does Enforcement of Intellectual Property Rights Matter in China? Evidence from Financing and Investment Choices in the High - Tech Industry. The Review of Economics and Statistics. 2014, 96 (2): 332 - 348.

[60] Baldenius T, Melumad N, Meng X. Board Composition and CEO Power. Journal of Financial Economics. 2014, 112 (1): 53 - 68.

[61] Balsam S, Krishnan J, Yang J S. Auditor Industry Specialization and

Earnings Quality. AUDITING: A Journal of Practice & Theory. 2003, 22 (2): 71 - 97.

[62] Balsmeier B, Fleming L, Manso G. Independent boards and innovation. Journal of Financial Economics. 2017, 123 (3): 536 - 557.

[63] Banker R D, Darrough M N, Huang R, et al. The Relation between CEO Compensation and Past Performance. The Accounting Review. 2012, 88 (1): 1 - 30.

[64] Barker V L, Mueller G C. CEO Characteristics and Firm R&D Spending. Management Science. 2002, 48 (6): 782 - 801.

[65] Bartov E. The Timing of Asset Sales and Earnings Manipulation. The Accounting Review. 1993, 68 (4): 840 - 855.

[66] Beasley, M. S., Petroni, K. R. Board independence and audit - firm type. AUDITING: A Journal of Practice & Theory, 2001, 20 (1), 97 - 114.

[67] Becker G S. Human Capital (3rd ed.). Chicago, IL: University of Chicago Press. 1993.

[68] Behn B K, Choi J H, Kang T. Audit Quality and Properties of Analyst Earnings Forecasts. The Accounting Review. 2008, 83 (2): 327 - 349.

[69] Beine M, Docquier F X, Deric, et al. Brain Drain and Human Capital Formation in Developing Countries: Winners and Losers. The Economic Journal. 2008, 118 (528): 631 - 652.

[70] Benmelech E, Frydman C. Military CEOs. Journal of Financial Economics. 2015, 117 (1): 43 - 59.

[71] Bernile G, Bhagwat V, Rau R. What Doesn't Kill You Will Only Make You More Risk - Loving: Early - Life Disasters and CEO Behavior. Journal of Finance. 2017, 72 (1): 167 - 206.

[72] Bertrand, M., Schoar, A. Managing with style: The effect of managers on firm policies. The Quarterly Journal of Economics, 2003, 118 (4), 1169

-1208.

[73] Bhagwati J, Hamada K. The Brain Drain, International Integration of Markets for Professionals and Unemployment: A Theoretical Analysis. Journal of Development Economics. 1974, 1 (1): 19-42.

[74] Bhattarcharya U, Hsu P, Tian X, et al. What Affects Innovation More: Policy or Policy Uncertainty?. Journal of Financial and Quantitative Analysis. 2017, 52 (5): 1869-1901.

[75] Biddle G C, Hilary G, Verdi R S. How Does Financial Reporting Quality Relate to Investment Efficiency?. Journal of Accounting and Economics. 2009, 48 (2): 112-131.

[76] Biddle G C, Hilary G. Accounting Quality and Firm-Level Capital Investment. The Accounting Review. 2006, 81 (5): 963-982.

[77] Biddle G C, Saudagaran S M. Foreign Stock Listings: Benefits, Costs, and the Accounting Policy Dilemma. Accounting Horizons. 1991, 5 (3): 69-80.

[78] Blanchard O J, Lopez-De-Silanes F, Shleifer A. What Do Firms Do With Cash Windfalls?. Journal of Financial Economics. 1994, 36 (3): 337-360.

[79] Bloodgood J M, Sapienza H J, Almeida J G. The Internationalization of New High-Potential U.S. Ventures: Antecedents and Outcomes. Entrepreneurship Theory and Practice. 1996, 20 (4): 61-76.

[80] Bloom N, Van Reenen J. Measuring and Explaining Management Practices Across Firms and Countries. The Quarterly Journal of Economics. 2007, 122 (4): 1351-1408.

[81] Bonacchi M, Kolev K, Lev B. Customer Franchise—A Hidden, Yet Crucial, Asset. Contemporary Accounting Research. 2014, 32 (3): 1024-1049.

[82] Bowlin K O, Hales J, Kachelmeier S J. Experimental Evidence of

How Prior Experience as An Auditor Influences Managers' Strategic Reporting Decisions. Review of Accounting Studies. 2009, 14 (1): 63 – 87.

[83] Bradley, Daniel, Incheol Kim, and Xuan Tian. Do Unions Affect Innovation? Management Science. 2017, 63: 2251 – 2271.

[84] Brandt L, Li H. Bank Discrimination in Transition Economies: Ideology, Information, or Incentives?. Journal of Comparative Economics. 2003, 31 (3): 387 – 413.

[85] Brav, Alon, Wei Jiang, Song Ma, and Xuan Tian. How Does Hedge Fund Activism Reshape Corporate Innovation? Journal of Financial Economics, forthcoming.

[86] Cadogan, J. W. , Cui, C. C. , Li, E. K. Y. (2003). Export market – oriented behavior and export performance. International Marketing Review. 2003, 20: 493 – 513.

[87] Cain M D, Mckeon S B. CEO Personal Risk – Taking and Corporate Policies. Journal of Financial and Quantitative Analysis. 2016, 51 (1): 139 – 164.

[88] Carey P, Simnett R. Audit Partner Tenure and Audit Quality. The Accounting Review. 2006, 81 (3): 653 – 676.

[89] Carter, S. , Shaw, E. , Lam, W. , Wilson, F. Gender, entrepreneurship, and bank lending: The criteria and processes used by bank loan officers in assessing applications. Entrepreneurship Theory and Practice, 2007, 31 (3), 427 – 444.

[90] Chan K H, Lin K Z, Mo P L. A Political – economic Analysis of Auditor Reporting and Auditor Switches. Review of Accounting Studies. 2006, 11 (1): 21 – 48.

[91] Chari A, Blair Henry P. Firm – specific Information and the Efficiency of Investment. Journal of Financial Economics. 2008, 87 (3): 636 – 655.

[92] Chava S, Oettl A, Subramanian A, et al. Banking Deregulation and

Innovation. Journal of Financial Economics. 2013, 109 (3): 759 - 774.

[93] Chemmanur T J, Tian X. Do Antitakeover Provisions Spur Corporate Innovation? A Regression Discontinuity Analysis. Journal of Financial and Quantitative Analysis. 2018: 1 - 32.

[94] Chen F, Hope O, Li Q, et al. Financial Reporting Quality and Investment Efficiency of Private Firms in Emerging Markets. The Accounting Review. 2011a, 86 (4): 1255 - 1288.

[95] Chen H, Chen J Z, Lobo G J, et al. Effects of Audit Quality on Earnings Management and Cost of Equity Capital: Evidence from China. Contemporary Accounting Research. 2011, 28 (3): 892 - 925.

[96] Chen H, Chen T. Network Linkages and Location Choice in Foreign Direct Investment. Journal of International Business Studies. 1998, 29 (3): 445 - 467.

[97] Chen K C W, Yuan H. Earnings Management and Capital Resource Allocation: Evidence from China's Accounting - Based Regulation of Rights Issues. The Accounting Review. 2004, 79 (3): 645 - 665.

[98] Chen S, Sun S Y J, Wu D. Client Importance, Institutional Improvements, and Audit Quality in China: An Office and Individual Auditor Level Analysis. The Accounting Review. 2010, 85 (1): 127 - 158.

[99] Chen S, Sun Z, Tang S, et al. Government Intervention and Investment Efficiency: Evidence from China. Journal of Corporate Finance. 2011, 17 (2): 259 - 271.

[100] Cheung Y, Jiang P, Limpaphayom P, et al. Does Corporate Governance Matter in China?. China Economic Review. 2008, 19 (3): 460 - 479.

[101] Cheung Y, Rau P R, Stouraitis A. Helping Hand or Grabbing Hand? Central vs. Local Government Shareholders in Chinese Listed Firms. Review of Finance. 2010, 14 (4): 669 - 694.

[102] Church B K, Davis S M, Mccracken S A. The Auditor's Reporting

Model: A Literature Overview and Research Synthesis. Accounting Horizons. 2008, 22 (1): 69 – 90.

[103] Clement, M. B. Analyst forecast accuracy: Do ability, resources, and portfolio complexity matter?. Journal of Accounting and Economics, 1999, 27 (3), 285 – 303.

[104] Clement, M. B., Tse, S. Y. Financial Analyst Characteristics and Herding Behavior in Forecasting. The Journal of finance, 2005, 60 (1), 307 – 341.

[105] Coe D T, Helpman E. International R&D spillovers. European Economic Review. 1995, 39 (5): 859 – 887.

[106] Coffee J C. Racing towards the Top? The Impact of Cross – Listings and Stock Market Competition on International Corporate Governance. Columbia Law Review. 2002, 102 (7): 1757 – 1831.

[107] Cohen D A, Zarowin P. Accrual – Based and Real Earnings Management Activities Around Seasoned Equity Offerings. Journal of Accounting and Economics. 2010, 50 (1): 2 – 19.

[108] Cohen, L., Frazzini, A., Malloy, C. Sell – side school ties. The Journal of Finance, 2010, 65 (4), 1409 – 1437.

[109] Contractor N S, Wasserman S, Faust K. Testing Multitheoretical, Multilevel Hypotheses About Organizational Networks: An Analytic Framework and Empirical Example. Academy of Management Review. 2006, 31 (3): 681 – 703.

[110] Cristea A D. Buyer – seller Relationships in International Trade: Evidence from U. S. States' Exports and Business – class Travel. Journal of International Economics. 2011, 84 (2): 207 – 220.

[111] Cumming D, Duan T, Hou W, et al. Does Overseas Experience Matter? A study of returnee CEOs and IPOs of Chinese entrepreneurial firms. Academy of Management Proceedings. 2015, (1): 10324.

[112] Custodio, C., Metzger, D., How Do CEOs Matter? The effect of industry expertise on acquisition returns. Review of Financial Studies. 2013, 26, 2008–2047.

[113] Custodio, C., Metzger, D., Financial expert CEOs: CEO's work experience and firm's financial policies. Journal of Financial Economics. 2014, 114, 125–154.

[114] Custodio, Claudia, Miguel A. Ferreira, and Pedro P. Matos. Do General Managerial Skills Spur Innovation? ECGI – Finance Working Paper 2015, No. 376.

[115] Dai O, Liu X. Returnee entrepreneurs and firm performance in Chinese high-technology industries. International Business Review. 2009, 18 (4): 373–386.

[116] Dai Y, Kong D, Liu S. Returnee Talent and Corporate Investment: Evidence from China. European Accounting Review. 2018, 27 (2): 313–337.

[117] Danos P, Eichenseher J W, Holt D L. Specialized Knowledge and Its Communication in Auditing. Contemporary Accounting Research. 1989, 6 (1): 91–109.

[118] Davidsson P, Honig B. The role of social and human capital among nascent entrepreneurs. Journal of Business Venturing. 2003, 18 (3): 301–331.

[119] De la Tour A, Glachant M, Ménière Y. Innovation and International Technology Transfer: The Case of the Chinese Photovoltaic Industry. Energy Policy. 2011, 39 (2): 761–770.

[120] Dechow P M, Sloan R G, Sweeney A P. Detecting Earnings Management. The Accounting Review. 1995, 70 (2): 193–225.

[121] Dechow P, Ge W, Schrand C. Understanding Earnings Quality: A Review of the Proxies, Their Determinants and Their Consequences. Journal of

Accounting and Economics. 2010, 50 (2): 344 – 401.

[122] Dechow, P. M., Sloan, R. G., Sweeney, A. P. Detecting earnings management. The Accounting Review, 1995, 193 – 225.

[123] Defond M, Zhang J. A Review of Archival Auditing Research. Journal of Accounting and Economics. 2014, 58 (2): 275 – 326.

[124] Demerjian, P. R., Lev, B., Lewis, M. F., McVay, S. E. Managerial ability and earnings quality. The Accounting Review, 2013, 88 (2), 463 – 498.

[125] Dhaliwal, D. S., Li, O. Z., Tsang, A., Yang, Y. G. Voluntary nonfinancial disclosure and the cost of equity capital: The initiation of corporate social responsibility reporting. The Accounting Review, 2011, 86 (1), 59 – 100.

[126] Downes M, Thomas A S. Managing Overseas Assignments to Build Organizational Knowledge. People and Strategy. 1999, 22 (4): 33.

[127] Einhorn H J, Hogarth R M. Behavioral Decision Theory: Processes of Judgment and Choice. Journal of Accounting Research. 1981, 19 (1): 1 – 31.

[128] Engelen, A., Neumann, C., Schwens, C. "Of course I can": The effect of CEO overconfidence on entrepreneurially oriented firms. Entrepreneurship Theory and Practice, 2015, 39 (5), 1137 – 1160.

[129] Faccio M. Politically Connected Firms. American Economic Review. 2006, 96 (1): 369 – 386.

[130] Faleye O, Kovacs T, Venkateswaran A. Do Better – Connected CEOs Innovate More? Journal of Financial and Quantitative Analysis. 2014, 49 (5 – 6): 1201 – 1225.

[131] Fang L H, Lerner J, Wu C. Intellectual Property Rights Protection, Ownership, and Innovation: Evidence from China. The Review of Financial Studies. 2017, 30 (7): 2446 – 2477.

[132] Farrell D, Grant A J. China's Looming Talent Shortage. The McKinsey Quarterly. 2005, 70 – 79.

[133] Feng M, Ge W, Luo S, et al. Why Do CFOs Become Involved in Material Accounting Manipulations?. Journal of Accounting and Economics. 2011, 51 (1): 21 – 36.

[134] Filatotchev I, Liu X, Buck T, et al. The Export Orientation and Export Performance of High – Technology SMEs in Emerging Markets: The Effects of Knowledge Transfer by Returnee Entrepreneurs. Journal of International Business Studies. 2009, 40 (6): 1005 – 1021.

[135] Filatotchev I, Liu X, Lu J, et al. Knowledge spillovers through human mobility across national borders: Evidence from Zhongguancun Science Park in China. Research Policy. 2011, 40 (3): 453 – 462.

[136] Filatotchev, I., Liu, X., Buck, T., Wright, M. The export orientation and export performance of high – technology SMEs in emerging markets: The effects of knowledge transfer by returnee entrepreneurs. Journal of International Business Studies, 2009, 40 (6), 1005 – 1021.

[137] Francis J R. What Do We Know About Audit Quality?. The British Accounting Review. 2004, 36 (4): 345 – 368.

[138] Fu X, Hou J, Sanfilippo M. Highly Skilled Returnees and the Internationalization of EMNEs: Firm Level Evidence from China. International Business Review. 2017, 26 (3): 579 – 591.

[139] Gabrielsson M, Manek Kirpalani V H. Born Globals: How to Reach New Business Space Rapidly. International Business Review. 2004, 13 (5): 555 – 571.

[140] Galasso A, Simcoe T S. CEO Overconfidence and Innovation. Management Science. 2011, 57 (8): 1469 – 1484.

[141] Gao, H, Zhang W. Employment Non – Discrimination Acts and Corporate Innovation. Management Science, forthcoming.

[142] García Lara J M, García Osma B, Penalva F. Accounting Conservatism and Firm Investment Efficiency. Journal of Accounting and Economics.

2016, 61 (1): 221 - 238.

[143] Geiger M A, North D S. Does Hiring a New CFO Change Things? An Investigation of Changes in Discretionary Accruals. The Accounting Review. 2006, 81 (4): 781 - 809.

[144] Ghoshal S, Moran P. Bad for Practice: A Critique of the Transaction Cost Theory. Academy of Management Review. 1996, 21 (1): 13 - 47.

[145] Giannetti M, Liao G, Yu X. The Brain Gain of Corporate Boards: Evidence from China. The Journal of Finance. 2015, 70 (4): 1629 - 1682.

[146] González - Uribe, Juanita, and Moqi Xu. Corporate Innovation Cycles and CEO Contracts. 2015. Working paper, London School of Economics.

[147] Goodwin J, Wu D. What is the Relationship Between Audit Partner Busyness and Audit Quality?. Contemporary Accounting Research. 2015, 33 (1): 341 - 377.

[148] Grant R M. Toward A Knowledge - Based Theory of the Firm. Strategic Management Journal. 1996, 17 (S2): 109 - 122.

[149] Guan Y, Su L N, Wu D, et al. Do School Ties Between Auditors and Client Executives Influence Audit Outcomes?. Journal of Accounting and Economics. 2016, 61 (2): 506 - 525.

[150] Gul F A, Kim J, Qiu A A. Ownership Concentration, Foreign Shareholding, Audit Quality, and Stock Price Synchronicity: Evidence from China. Journal of Financial Economics. 2010, 95 (3): 425 - 442.

[151] Gul F A, Sami H, Zhou H. Auditor Disaffiliation Program in China and Auditor Independence. Auditing: A Journal of Practice & Theory. 2009, 28 (1): 29 - 51.

[152] Gul, F. A., Srinidhi, B., Ng, A. C. Does board gender diversity improve the informativeness of stock prices?. Journal of Accounting and Economics, 2011, 51 (3), 314 - 338.

[153] Haber, S., Reichel, A. The cumulative nature of the entrepreneur-

ial process: The contribution of human capital, planning and environment resources to small venture performance. Journal of Business Venturing, 2007, 22 (1), 119 – 145.

［154］Hambrick D C, Mason P A. Upper Echelons: The Organization as a Reflection of Its Top Managers. Academy of Management Review. 1984, 9 (2): 193 – 206.

［155］Han S, Kang T, Salter S, et al. A Cross – country Study on the Effects of National Culture on Earnings Management. Journal of International Business Studies. 2010, 41 (1): 123 – 141.

［156］He J J, Tian X. The Dark Side of Analyst Coverage: The Case of Innovation. Journal of Financial Economics. 2013, 109 (3): 856 – 878.

［157］Healy P M, Wahlen J M. A Review of the Earnings Management Literature and Its Implications for Standard Setting. Accounting Horizons. 1999, 13 (4): 365 – 383.

［158］Hennes K M, Leone A J, Miller B P. The Importance of Distinguishing Errors from Irregularities in Restatement Research: The Case of Restatements and CEO/CFO Turnover. The Accounting Review. 2008, 83 (6): 1487 – 1519.

［159］Herrmann D, Inoue T, Thomas W B. The Sale of Assets to Manage Earnings in Japan ［J］. Journal of Accounting Research. 2003, 41 (1): 89 – 108.

［160］Hirshleifer D, Low A, Teoh S H. Are Overconfident CEOs Better Innovators?. The Journal of Finance. 2012, 67 (4): 1457 – 1498.

［161］Hofstede G. Culture's Consequences (2nd edn). Thousand Oaks, CA: Sage. 2001.

［162］Hope O K, Thomas W B. Managerial Empire Building and Firm Disclosure ［J］. Journal of Accounting Research. 2008, 46 (3): 591 – 626.

［163］Hsu, C., Novoselov, K. E., Wang, R. Does accounting conservatism mitigate the shortcomings of CEO overconfidence?. The Accounting Review, 2017, 92 (6), 77 – 101.

[164] Huang, H. W. , Rose – Green, E. , Lee, C. C. CEO age and financial reporting quality. Accounting Horizons, 2012, 26 (4), 725 – 740.

[165] Huber P J. The Behavior of Maximum Likelihood Estimates Under Nonstandard Conditions. Proceedings of the Fifth Berkeley Symposium on Mathematical Statistics and Probability. 1967, 1 (1): 221 – 233.

[166] Jaworski, B. J. , Kohli, A. K. Market orientation: antecedents and consequences. Journal of marketing, 1993, 57 (3), 53 – 70.

[167] Jensen M C, Meckling W H. Theory of the Firm: Managerial Behavior, Agency Costs and Ownership Structure. Journal of Financial Economics. 1976, 3 (4): 305 – 360.

[168] Jensen M C. Agency Costs of Free Cash Flow, Corporate Finance, and Takeovers. The American Economic Review. 1986, 76 (2): 323 – 329.

[169] Jensen, M. C. , Meckling, W. H. , Theory of the firm: managerial behavior, agency costs and ownership structure. Journal of Finance Economics, 1976, 3 (4): 305 – 360.

[170] Jenter, D. , Lewellen, K. CEO preferences and acquisitions. The Journal of Finance, 2015, 70 (6), 2813 – 2852.

[171] Jian M, Wong T J. Propping Through Related Party Transactions. Review of Accounting Studies. 2010, 15 (1): 70 – 105.

[172] Jiang, F. , Kim, K. A. Corporate governance in China: A modern perspective. Journal of Corporate Finance. 2015, 32: 190 – 216.

[173] Jones J J. Earnings Management During Import Relief Investigations. Journal of Accounting Research. 1991, 29 (2): 193 – 228.

[174] Jones M V, Coviello N E. Internationalisation: Conceptualising an Entrepreneurial Process of Behaviour in Time. Journal of International Business Studies. 2005, 36 (3): 284 – 303.

[175] Kallunki, J. , H. Nilsson, P. Sahlström and M. Zerni. Do the

Leading Audit Partner Characteristics Affect Audit Quality?. 2009, Working paper.

[176] Kane, G. D., Velury, U. The role of institutional ownership in the market for auditing services: an empirical investigation. Journal of Business Research, 2004, 57 (9), 976–983.

[177] Kaplan S N, Klebanov M M, Sorensen M. Which CEO Characteristics and Abilities Matter?. The Journal of Finance. 2012, 67 (3): 973–1007.

[178] Ke B, Lennox C S, Xin Q. The Effect of China's Weak Institutional Environment on the Quality of Big 4 Audits. The Accounting Review. 2014, 90 (4): 1591–1619.

[179] Ke, B., Yu, Y. The effect of issuing biased earnings forecasts on analysts' access to management and survival. Journal of Accounting Research, 2006, 44 (5), 965–999.

[180] Kerr W R. Ethnic Scientific Communities and International Technology Diffusion. The Review of Economics and Statistics. 2008, 90 (3): 518–537.

[181] Kim K, Mauldin E, Patro S. Outside Directors and Board Advising and Monitoring Performance. Journal of Accounting & Economics, 2014, 57: 110–131.

[182] Knight G A, Cavusgil S T. Innovation, Organizational Capabilities, and the Born-global Firm. Journal of International Business Studies. 2004, 35 (2): 124–141.

[183] Kothari S P, Leone A J, Wasley C E. Performance Matched Discretionary Accrual Measures. Journal of Accounting and Economics. 2005, 39 (1): 163–197.

[184] Krishnan G. Does Big 6 Auditor Industry Expertise Constrain Earnings Management?. Accounting Horizons. 2003, 17 (1): 1–16.

[185] Krishnan J, Li C, Wang Q. Auditor Industry Expertise and Cost of Equity. Accounting Horizons. 2013, 27 (4): 667 – 691.

[186] Kwon S Y, Lim C Y, Tan P M S. Legal Systems and Earnings Quality: The Role of Auditor Industry Specialization. AUDITING: A Journal of Practice & Theory. 2007, 26 (2): 25 – 55.

[187] Lane K, Pollner F. How to Address China's Growing Talent Shortage. The McKinsey Quarterly. 2008, 3: 33 – 40.

[188] Lang M, Raedy J S, Yetman M H. How Representative Are Firms That Are Cross – Listed in the United States? An Analysis of Accounting Quality. Journal of Accounting Research. 2003, 41 (2): 363 – 386.

[189] Lawrence, A., Minutti – Meza, M., Zhang, P. Can Big 4 versus non – Big 4 differences in audit – quality proxies be attributed to client characteristics? . The Accounting Review, 2011, 86 (1), 259 – 286.

[190] Lee S H, Weng D H. Does Bribery in the Home Country Promote or Dampen Firm Exports? . Strategic Management Journal. 2013, 34 (12): 1472 – 1487.

[191] Lennox C S, Wu X, Zhang T. Does Mandatory Rotation of Audit Partners Improve Audit Quality? . The Accounting Review. 2014, 89 (5): 1775 – 1803.

[192] Lerner J. The Empirical Impact of Intellectual Property Rights on Innovation: Puzzles and Clues. The American Economic Review. 2009, 99 (2): 343 – 348.

[193] Levine, Ross, Chen Lin, and Lai Wei. Insider trading and innovation. 2016. NBER Working paper No. 21634.

[194] Li H, Zhang Y, Li Y, et al. Returnees Versus Locals: Who Perform Better in China's Technology Entrepreneurship? . Strategic Entrepreneurship Journal. 2012, 6 (3): 257 – 272.

[195] Li J, Wei M, Lin B. Does Top Executives' US Experience Matter?

Evidence from US – listed Chinese Firms. China Journal of Accounting Research. 2016, 9 (4): 267 – 282.

[196] Li K, Griffin D, Yue H, Zhao L. How Does Culture Influence Corporate Risk – taking?. Journal of Corporate Finance. 2013, 23: 1 – 22.

[197] Li, J. and Xia, Q., Attract the talents back: the impact of returnee entrepreneurs on Venture Capital investments. Working Paper, 2014.

[198] Li, J., Wei, M., & Lin, B. Does top executives' US experience matter? Evidence from US – listed Chinese firms. China Journal of Accounting Research, 2016, 9 (4), 267 – 282.

[199] Libby R, Luft J. Determinants of Judgment Performance in Accounting Settings: Ability, Knowledge, Motivation, and Environment. Accounting, Organizations and Society. 1993, 18 (5): 425 – 450.

[200] Lim C Y, Tan H T. Non – audit Service Fees and Audit Quality: The Impact of Auditor Specialization. Journal of Accounting Research. 2007, 46 (1): 199 – 246.

[201] Lin D, Lu J, Liu X, Choi S. Returnee CEO and Innovation in Chinese High – tech SMEs. International Journal of Technology Management. 2014, 65 (1 – 4): 151 – 171.

[202] Lin, N., 2001. Social Capital (London and New York, Cambridge University Press).

[203] Liu X, Lu J, Filatotchev I, et al. Returnee Entrepreneurs, Knowledge Spillovers and Innovation in High – tech Firms in Emerging Economies. Journal of International Business Studies. 2010, 41 (7): 1183 – 1197.

[204] Liu X, Wright M, Filatotchev I, et al. Human Mobility and International Knowledge Spillovers: Evidence from High – tech Small and Medium Enterprises in An Emerging Market. Strategic Entrepreneurship Journal. 2010, 4 (4): 340 – 355.

[205] Liu X., Wright M., Filatotchev I., "Learning, Firm Age and Per-

formance: An Investigation of Returnee Entrepreneurs in Chinese High – tech Industries", International Small Business Journal, forthcoming.

[206] Liu Y, Almor T. How Culture Influences the Way Entrepreneurs Deal With Uncertainty in Inter – organizational Relationships: The Case of Returnee Versus Local Entrepreneurs in China. International Business Review. 2016, 25 (1, Part A): 4 – 14.

[207] Low K. The Effects of Industry Specialization on Audit Risk Assessments and Audit – Planning Decisions. The Accounting Review. 2004, 79 (1): 201 – 219.

[208] Luo S, Yu Y. International Technology Transfer and Indigenous Innovation: Evidences from Chinese Photovoltaic Industry. 2012, Working paper.

[209] Madhok A. Cost, Value and Foreign Market Entry Mode: The Transaction and the Firm. Strategic Management Journal. 1997, 18 (1): 39 – 61.

[210] Malmendier U, Tate G. CEO Overconfidence and Corporate Investment. The Journal of Finance. 2005, 60 (6): 2661 – 2700.

[211] Manolova T S, Brush C G, Edelman L F, et al. Internationalization of Small Firms: Personal Factors Revisited. International Small Business Journal. 2002, 20 (1): 9 – 31.

[212] Marquis, C., Tilcsik, A. Imprinting: Toward a multilevel theory. Academy of Management Annals, 2013, 7 (1), 195 – 245.

[213] Mascarenhas D, Cahan S F, Naiker V. The Effect of Audit Specialists on the Informativeness of Discretionary Accruals. Journal of Accounting, Auditing & Finance. 2010, 25 (1): 53 – 84.

[214] McKinsey J A. Competition from China: Two McKinsey surveys. McKinsey Quarterly. 2008, 3: 18421.

[215] Mcnichols M F, Stubben S R. Does Earnings Management Affect Firms' Investment Decisions?. The Accounting Review. 2008, 83 (6): 1571 – 1603.

[216] Miletkov M, Poulsen A, Wintoki M B. Foreign independent directors and the quality of legal institutions. Journal of International Business Studies. 2017, 48 (2): 267-292.

[217] Ministry of Finance of the People's Republic of China (MOF). "Audit Report", Independent Auditing Standards No. 7. (In Chinese). Beijing, China: MOF, 1995a.

[218] Ministry of Finance of the People's Republic of China (MOF). "Practice Guidelines of Certified Public Accountants in China No. 1: Annual Report Audit", (In Chinese). Beijing, China: MOF, 1995b.

[219] Mitra D, Golder P N. Whose Culture Matters? Near-Market Knowledge and Its Impact on Foreign Market Entry Timing. Journal of Marketing Research. 2002, 39 (3): 350-365.

[220] Mountford A. Can a Brain Drain Be Good For Growth in the Source Economy?. Journal of Development Economics. 1997, 53 (2): 287-303.

[221] Mukherjee A, Singh M, Zaldokas A. Do Corporate Taxes Hinder Innovation? Journal of Financial Economics. 2017, 124 (1): 195-221.

[222] Myers S C, Majluf N S. Corporate Financing and Investment Decisions When Firms Have Information That Investors Do not Have. Journal of Financial Economics. 1984, 13 (2): 187-221.

[223] Nanda R, Rhodes-Kropf M. Investment Cycles and Startup Innovation. Journal of Financial Economics. 2013, 110 (2): 403-418.

[224] Nonaka I. A Dynamic Theory of Organizational Knowledge Creation. Organization Science. 1994, 5 (1): 14-37.

[225] Payne J L. The Influence of Audit Firm Specialization on Analysts' Forecast Errors. AUDITING: A Journal of Practice & Theory. 2008, 27 (2): 109-136.

[226] Peel M J, Makepeace G H. Differential Audit Quality, Propensity Score Matching and Rosenbaum Bounds for Confounding Variables. Journal of

Business Finance & Accounting. 2012, 39 (5-6): 606-648.

[227] Peng M W, Zhou J Q. How Network Strategies and Institutional Transitions Evolve in Asia. Asia Pacific Journal of Management. 2005, 22 (4): 321-336.

[228] Penman S H. The Articulation of Price-Earnings Ratios and Market-to-Book Ratios and the Evaluation of Growth. Journal of Accounting Research. 1996, 34 (2): 235-259.

[229] Pincus, M., Rajgopal, S. The interaction between accrual management and hedging: Evidence from oil and gas firms. The Accounting Review, 2002, 77 (1), 127-160.

[230] Piotroski J, Wong T. Institutions and Information Environment of Chinese Listed Firms. Capitalizing China, University of Chicago Press. 2012, 201-242.

[231] Porter M E. Capital Disadvantage: America's Failing Capital Investment System. Harvard Business Review. 1992, 70 (5): 65-82.

[232] Reuber A R, Fischer E. The Influence of the Management Team's International Experience on the Internationalization Behaviors of SMEs. Journal of International Business Studies. 1997, 807-825.

[233] Reynolds J K, Francis J R. Does Size Matter? The Influence of Large Clients on Office-level Auditor Reporting Decisions. Journal of Accounting and Economics. 2000, 30 (3): 375-400.

[234] Richardson S. Over-Investment of Free Cash Flow. Review of Accounting Studies. 2006, 11 (2-3): 159-189.

[235] Romer P M. Increasing Returns and Long-Run Growth. Journal of Political Economy. 1986, 94 (5): 1002-1037.

[236] Rosenbaum P R, Rubin D B. The Central Role of the Propensity Score in Observational Studies for Causal Effects. Biometrika. 1983, 70 (1): 41-55.

[237] Rosenberg N. Innovation and Economic Growth. OECD Publishing, 2004.

[238] Roychowdhury, S. Earnings management through real activities manipulation. Journal of Accounting and Economics, 2006, 42 (3), 335 – 370.

[239] Sapienza H J, Autio E, George G, Zahra S A. A Capabilities Perspective on the Effects of Early Internationalization on Firm Survival and Growth. Academy of Management Review. 2006, 31 (4): 914 – 933.

[240] Saxenian A. The New Argonauts: Regional Advantage in a Global Economy. (1st ed.) . 2006. (Cambridge, MA: Harvard University Press) .

[241] Schwartz – Ziv M, Weisbach M S. What Do Boards Really Do? Evidence from Minutes of Board Meetings. Journal of Financial Economics. 2013, 108: 349 – 366.

[242] Shane S, Khurana R. Bringing Individuals Back In: The Effects of Career Experience on New Firm Founding. Industrial and Corporate Change. 2003, 12 (3): 519 – 543.

[243] Shao L, Kwok C. C, Guedhami O. National Culture and Dividend Policy. Journal of International Business Studies. 2010, 41 (8): 1391 – 1414.

[244] Shao L, Kwok C. C, Zhang R. National Culture and Corporate Investment. Journal of International Business Studies. 2013, 44 (7): 745 – 763.

[245] Shrader, R. , Siegel, D. S. Assessing the relationship between human capital and firm performance: Evidence from technology – based new ventures. Entrepreneurship theory and Practice, 2007, 31 (6), 893 – 908.

[246] Solow R M. Technical Change and the Aggregate Production Function. The Review of Economics and Statistics. 1957, 39 (3): 312 – 320.

[247] Spender J C. Making Knowledge the Basis of a Dynamic Theory of the Firm. Strategic Management Journal. 1996, 17 (S2): 45 – 62.

[248] Stulz R. Managerial Discretion and Optimal Financing Policies. Journal of Financial Economics. 1990, 26 (1): 3 – 27.

[249] Sun S L, Peng M W, Ren B, Yan D. A Comparative Ownership Advantage Framework for Cross-border M&As. Journal of World Business. 2012, 47 (1): 4-16.

[250] Sun, J., Kent, P., Qi, B., Wang, J. Chief financial officer demographic characteristics and fraudulent financial reporting in China. Accounting & Finance, 2019, 59 (4): 2705-2734.

[251] Sunder J, Sunder S V, Zhang J. Pilot CEOs and Corporate Innovation. Journal of Financial Economics. 2017, 123 (1): 209-224.

[252] Tan H T. Effects of Expectations, Prior Involvement, and Review Awareness on Memory for Audit Evidence and Judgment. Journal of Accounting Research. 1995, 33 (1): 113-35.

[253] Teece D J. Research Directions for Knowledge Management. California Management Review. 1998, 40 (3): 289.

[254] Tian X, Wang T Y. Tolerance for Failure and Corporate Innovation. Review of Financial Studies. 2014, 27 (1): 211-255.

[255] Tobin J. A General Equilibrium Approach to Monetary Theory. Journal of Money, Credit and Banking. 1996, 1 (1): 15-29.

[256] Todo Y, Zhang W, Zhou L. Knowledge Spillovers from FDI in China: The Role of Educated Labor in Multinational Enterprises. Journal of Asian Economics. 2009, 20 (6): 626-639.

[257] Walsh P, Craig R, Clarke F. "Big Bath Accounting" Using Extraordinary Items Adjustments: Australian Empirical Evidence. Journal of Business Finance & Accounting. 1991, 18 (2): 173-189.

[258] Wang D. Activating Cross-border Brokerage: Interorganizational Knowledge Transfer Through Skilled Return Migration. Administrative Science Quarterly. 2015, 60 (1): 133-176.

[259] Wang H Y, Zweig D, Lin X H. Returnee Entrepreneurs: Impact on China's Globalization Process. Journal of Contemporary China. 2011, 20: 413-

431.

[260] Wang Q, Wong T J, Xia L. State ownership, the institutional environment, and auditor choice: Evidence from China. Journal of Accounting and Economics. 2008, 46 (1): 112 – 134.

[261] Wang Y, Duan T, Hou W, Liu X. The Role of Returnees in Business: A Review. 2015, Working Paper.

[262] Wang Y, Duan T, Hou W. Returnees' Influences on China: A Business Perspective (1850s to 1940s). 2014. Working Paper.

[263] Wei Y, Liu X. Productivity Spillovers from R&D, Exports and FDI in China's Manufacturing Sector. Journal of International Business Studies. 2006, 37 (4): 544 – 557.

[264] Westhead P, Wright M, Ucbasaran D. The Internationalization of New and Small Firms: A Resource – based View. Journal of Business Venturing. 2001, 16 (4): 333 – 358.

[265] White H. A Heteroskedasticity – consistent Covariance Matrix Estimator and a Direct Test for Heteroskedasticity. Econometrica. 1980, 48 (4): 817 – 838.

[266] Whitwell G J, Lukas B A, Hill P. Stock Analysts' Assessments of the Shareholder Value of Intangible Assets. Journal of Business Research. 2007, 60: 84 – 90.

[267] Williams H L. Intellectual Property Rights and Innovation: Evidence from the Human Genome. Journal of Political Economy. 2013, 121 (1): 1 – 27.

[268] Wright M, Filatotchev I, Hoskisson R E, Peng M W. Strategy Research in Emerging Economies. Journal of Management Studies. 2005, 42 (1): 1 – 33.

[269] Wright M, Robbie K, Ennew C. Venture Capitalists and Serial Entrepreneurs. Journal of Business Venturing. 1997, 12 (3): 227 – 249.

[270] Xu B. Multinational Enterprises, Technology Diffusion, and Host Country Productivity Growth. Journal of Development Economics. 2000, 62 (2): 477-493.

[271] Xu, N., Li, X., Yuan, Q., Chan, K. C. Excess perks and stock price crash risk: Evidence from China. Journal of Corporate Finance, 2014, 25, 419-434.

[272] Xuefeng Jiang J, Petroni K R, Yanyan Wang I. CFOs and CEOs: Who Have the Most Influence on Earnings Management?. Journal of Financial Economics. 2010, 96 (3): 513-526.

[273] Yang Z, Ye F. Studies on Semi-colonization of Qing Dynasty. Beijing, China: Higher Education Press, 1993.

[274] Yim, S. The acquisitiveness of youth: CEO age and acquisition behavior. Journal of financial economics, 2013, 108 (1): 250-273.

[275] Yuan R, Wen W. Managerial Foreign Experience and Corporate Innovation. Journal of Corporate Finance. 2018, 48: 752-770.

[276] Zang A Y. Evidence on the Trade-Off Between Real Activities Manipulation and Accrual-Based Earnings Management. Accounting Review. 2012, 87 (2): 675-703.

[277] Zhang J, Kong D, Wu J. Doing Good Business by Hiring Directors with Foreign Experience. Journal of Business Ethics. 2016.

[278] Zhang, C. Top manager characteristics, agglomeration economies and firm performance. Small Business Economics, 2017, 48 (3): 543-558.

[279] Zimmerman, M. A. (2008). The influence of top management team heterogeneity on the capital raised through an initial public offering. Entrepreneurship Theory and Practice, 32 (3): 391-414.

[280] Zona, F. (2016). CEO leadership and board decision processes in family-controlled firms: comparing family and non-family CEOs. Small Business Economics, 47 (3): 735-753.

［281］Zweig D. Competing for Talent：China's Strategies to Reverse the Brain Drain. International Labour Review. 2006，145（1－2）：65－90.

［282］Zwiebel J. Dynamic Capital Structure under Managerial Entrenchment. The American Economic Review. 1996，86（5）：1197－1215.